ある軍法務官の生涯

堀木常助陸軍法務官の秋霜烈日記・伊勢、旭川、善通寺、そして満州

西川伸一

〈凡例〉

・年数表記は西暦年とした。
・他の文献からの引用については、（筆者名 刊行年：引用頁）で出所を明らかにした。同じ文献からの引用が続く場合は（同前：引用頁）とした。当該文献のその他の書誌情報は巻末に参考文献として掲げてある。
・引用文中にある旧字体は新字体に改めた。
・引用文中にある〔　〕は筆者が補ったものである。
・引用文中にある／は、原文では改行されていることを意味する。
・資料中の判読できない文字は□で示した。
・こんにちの人権擁護の見地に照らして不当、不適切な語句や表現が引用文の中に用いられている箇所がある。しかし原文を尊重することにした。
・写真にクレジットがないものは、すべて堀木常助の曽孫である堀木菜穂氏から提供されたものである。
・歴史的に正しい表記は〈満洲〉であるが、現在通用している〈満州〉を基本的に用いた。同様に、「満州国」の正式国号は一九三二年三月の「建国」時には「満洲国」、一九三四年三月以降は「満洲帝国」である。だが、表記に当たっては煩雑さを避けるため原則として「満州国」とした。
・敬称は省略した。

はじめに

私は最高裁判所裁判官国民審査について研究（西川 2012）を進めていく中で、国民審査のたびに発行される「最高裁判所裁判官国民審査公報」も分析の対象とした。そこには国民審査に付される裁判官の経歴が必ず掲載される。最高裁判所裁判官国民審査法第五三条でそう定められている。それらを読んでいくと、ある共通の経歴をもつ裁判官が一定数いることに気づいた。それは陸軍あるいは海軍の法務官という経歴である。次の一〇人がその該当者である（〔0-1〕）。

〔0-1〕法務官の経験がある最高裁裁判官（任命順）

	氏名	最高裁裁判官歴	陸軍／海軍における最終階級
1	色川幸太郎	判事：1966／5／10～1973／1／29	陸軍法務中尉
2	中村 治朗	判事：1978／9／22～1984／2／19	海軍法務科大尉
3	宮崎 梧一	判事：1980／2／6～1984／5／4	陸軍法務中尉

4	寺田 治郎	判事：1980／3／22～1982／9／30 長官：1982／10／1～1985／11／3	予備役陸軍法務大尉
5	大橋 進	判事：1981／11／2～1986／6／12	海軍法務中尉
6	島谷 六郎	判事：1984／5／8～1990／1／23	海軍法務大尉
7	矢口 洪一	判事：1984／2／20～1985／11／4 長官：1985／11／5～1990／2／19	海軍法務大尉
8	長島 敦	判事：1984／6／12～1988／3／16	海軍法務大尉
9	坂上 壽夫	判事：1986／1／17～1993／3／31	海軍法務大尉
10	奥野 久之	判事：1987／9／5～1990／8／26	海軍法務大尉

作成参照：「最高裁判所裁判官国民審査公報」各回次版、「海軍辞令公報」など。

これが私の法務官との「出会い」である。第1章で詳述するように、法務官は軍法会議に欠かせない法曹であった。もちろん、日本国憲法の施行により軍法会議は廃止され、それにともない法務官制度もなくなった。そのため法務官に研究関心が向けられることはあまりなかった。戦前日本の軍法務研究の第一人者で、2022年12月に死去した北博昭は、「軍法務の領域にあっては〔一次史料に〕まだ比重をおかなくてもよいほどの研究の蓄積はない」（北2001：106）と指摘していた。

だが、一九九二年六月にPKO協力法（国際連合平和維持活動等に対する協力に関する法律）が成立して以降、自衛隊の海外での活動は広がり深まる一方である。その上、二〇一四年七月に憲法解釈を変更し集団的自衛権の限定的行使を容認する閣議決定がなされた。これに基づき「平和安全法制」とよばれる各種法律が制定された。かかる状況を受けて、『産経新聞』は二〇一七年八月二二日付から二四日付まで三回にわたって、「憲法76条の壁　軍法会議なき自衛隊」を連載した。二二日付の記事は「国を守るため、あるいは海外での人道支援のために働く自衛官が命令で行った行為が「殺人罪」に問われかねない。しかも、その罪を裁くのは、必ずしも軍事的知識を備えているとはいえない裁判官だ」と疑問を呈している。そこで家庭裁判所あるいは知財高裁のような専門裁判所として、「防衛裁判所」の設置を説く主張もある。

ともあれ、ＰＫＯ協力法成立から三〇年を経て、私たちは軍法務に無関心ではいられない時代に立ち至ってしまった。いまや、すぐ後で指摘する安全保障関連三文書の改定により、自衛隊は事実上ふつうの軍隊とほぼ変わらない存在となっていくだけになおさらである。

こうした問題意識に突き動かされた私は、上記の北の言葉にも「叱咤」されて、まずだれが法務官であったかをつきとめようと考えた。具体的には、戦前の『官報』の「叙任及辞令」欄を一号ずつ確認していくことにした。その作業を法務官制度が発足した一九二一年四月一日から、二・二六事件が起こった年である一九三六年の三月末日まで行った。ちょうど一五年分である。

結果として、陸軍法務官・海軍法務官あわせて一九三人の実名が判明した。もちろん目視の作業ゆえ、当然ながら私の見落としもあろうし、「叙任及辞令」欄に遺漏があるかもしれない。そのため、これで該当者が全員であるとはとても言いきれない。そうした限界をもちながらも、その一九三人につき実名を明記し彼らの異動歴を検討した論文（西川２０１４）を執筆した。刊行後二年近く経って、拙稿に氏名が掲載された堀木常助陸軍法務官の曽孫の方からメールをいただいた。資料があるのでお見せしたいとのありがたい申し出であった。

おかげで私は、堀木常助陸軍法務官の生涯を「一次史料」に基づいてたどることが可能になった。本書はそれに依拠し、あるいはそれにインスパイアされた記述を中心としている。もって法務官研究に資したいと願っている。加えて、軍隊および軍法会議、さらにはそこから派生する事柄や補足説明をふんだんに挿入して、常助の生きた時代を描くようにも心がけた。その作業を「いま」が強く後押しした。

二〇二二年一二月に、政府は「国家安全保障戦略」など安保関連三文書を閣議決定した。そこに敵基地攻撃能力（反撃能力）の保有が明記されたばかりか、これに基づき、二〇二三年度から五年間で防衛費を現行計画の一・五倍以上の四三兆円にするという。そんな現代にあって、軍が「聖域」視されていた時代とはいかなる時代であったのかを根気よく振り返る必要性に駆られたのである。それが「災い」して、伊勢の擬革紙から旭川時代の「獣の将校」との酒宴や善通寺時代に積まれた陰徳を経て、ついには満州医大の「生体解剖」にまで筆は及んでしまった。こんな脱線をぴたり表現する英単語に foray「（不慣れなことへの）手出し、ちょっかい、進出」（『ランダムハウス英和大辞典』）というのがあるそうだ。

ある軍法務官の生涯　堀木常助陸軍法務官の秋霜烈日記・伊勢、旭川、善通寺、そして満州

目次

第1章　軍法会議と法務官

「真空地帯」を裁く軍法会議

堀木常助の秋霜烈日記を書き起こすのに先立って、その背景にある軍法会議と法務官について基本的な事柄をおさえておこう。

刑法第一九九条は「人を殺した者は、死刑又は無期若しくは五年以上の懲役に処する。」と規定する。しかし、同じ殺人であっても戦闘行為の一環であれば、国内法と戦時国際法が求める要件を満たしている限りは罪に問われない。チャップリンは映画『殺人狂時代』（一九四七・米）において、殺人鬼ヴェルデューに扮して「戦争　闘い　すべて事業です　1人殺せば悪党で　100万人だと英雄です　数が殺人を神聖にする」（DVD開巻後1時間55分23秒〜34秒）とのせりふを吐いた。戦争の愚かさと矛盾を糾弾したのである。

第一次世界大戦直後のドイツとフランスを舞台にした映画『婚約者の友人』（二〇一六・仏／独）は哀しい名作だ。独仏戦線でフランス兵がドイツ兵を出会い頭に撃って死に至らしめてしまった。ドイツ兵には婚約者がいたことをそのフランス兵は知る。戦後になってフランス兵は良心の呵責に耐えきれず、婚約者に謝罪するために彼女をドイツに訪ねる。とはいえ、なかなか真実を切り出せずに苦悶する。とうとうドイツ兵の墓前で打ち明けるのだが……。

前線ばかりではない。兵営の中でも不条理はまかり通っていた。野間宏の小説『真空地帯』はそれを克明に描き出している。同書は一九五二年に映画化もされた。「真空地帯」の意味は「軍隊ちゅうところは人間性を奪うところ」というある初年兵のせりふ（DVD開巻後一時間一五分五六秒）に凝縮されている。入営した者は人間らしさを徹底してはぎ取られ真空管のようにからっぽの状態にされて、軍隊教育を注入される。よって皇軍兵士へと仕立て上げられるのである。映画の最後に野間宏の次の言葉が映し出される（同二時間七分四八秒）

「兵営は条文と柵にとりまかれた1丁四方の空間にして　人間は　このなかにあって　人間の要素を取り去られ兵隊になる」

三年兵が初年兵に「軍隊は泥棒をよけいにつくるさかいな」と諭すシーンもある（同三三分九秒）。従って、こういう「真空地帯」だからこそ起こりうる事態を適切に処理し、秩序を維持する専門的なメカニズムが求められた。軍事警察である憲兵、および軍事司法である軍法会議がそれに該当する。そして、軍法会議の裁判官の一員として軍務の特殊性を知悉した法律家の立場から、軍人裁判官に「物言う」存在であったのが、法務官である。

「ほとんど法務官の意見が採用されます」

詳細は次々項に譲るが、軍法会議の裁判体はたいてい四人の軍人と一人の法務官から構成された。法務官は司法官試補の資格を有する文官であり軍属である。数からすれば法務官は圧倒的に不利である。にもかかわらず、法務官経験者の回想によれば法務官の発言力は絶大であったという。

元海軍法務官の馬場東作は「そもそも裁判官を担当する軍人は、軍法会議では、あまり発言しません。法務官が、前例はこうなっているから、これでいいですか、と言えばそれで決まります」（ＮＨＫ取材班・北　２０１３：75）と述べる。元陸軍法務官の小池金市は「そもそも裁判官を務める他の将校たちは、皆、法律の素人。だからこそ、我々法務官にこの罪はこれぐらいの刑でいいのかとか、必ず意見を聞いてきた」と往時を振り返る（同前：81）。元最高裁長官の矢口洪一も海軍の法務官経験者である。その矢口も「階級からいけば法務官が一番下なんです。〔略〕合議〔正確には評議〕では、ほとんど法務官の意見が採用されます」と語っている（矢口述　２００４：33）。

これらから浮かび上がる法務官像は、軍人に臆せず上下関係など気にせずに法律の専門知識に依拠して、公正な裁きを主導する「法の番人」である。この姿勢は日本が絶望的な戦争へと突き進んでいく中で、どこまで貫けたのであろうか。

日本における軍法会議小史

日本国憲法第七六条第二項は特別裁判所の設置を禁止し、もとより同第九条第二項は戦力の不保持を謳っている。ゆえに、日本国憲法施行以降は軍法会議が設置される余地はなかった。一方、明治憲法第六〇条は特別裁判所の設置を認めていた。具体的には、皇族に関する皇室裁判所、外地（台湾・関東州・朝鮮・南洋諸島）のみに裁判権を有していた外地裁判所（樺太も外地であるが基本的に国内法が適用された）、行政事件だけを管轄する行政裁判所、そして主に軍人・軍属などについての刑事裁判を担当する軍法会議である。

日本における軍法会議の歴史は、明治維新直後の一八六九年八月に兵部省内に「糾問司」が置かれたことにはじまる。一八七二年四月には陸軍大輔・山県有朋の建議に基づき「陸軍裁判所」が設置された。その後、一八八三年八月に陸軍治罪法（明治一六年太政官布告第二四号）が、一八八四年三月に海軍治罪法（明治一七年太政官布告第八号）が制定されて、陸軍と海軍に軍法会議が創設される。陸軍にあっては師団が増設されるとともに、その師団ナンバーを冠した師管軍法会議が開設された。第N師管軍法会議というわけである。

師団とは陸軍の編成単位の一つで、独立した作戦行動のとれる最大の戦略単位をさす。そのトップである師団長が防衛および軍事行政を管轄する区域を師管とよんだ。

陸軍治罪法は一八八八年一〇月に、海軍治罪法は一八八九年二月に全部改正され、法形式は法律となった。すなわち陸軍・海軍、改正の前後であわせて四つの陸海軍治罪法が存在していたことになる。それらはいずれも第二条で「軍法会議ハ傍聴ヲ許サス」と規定していた。つまり暗黒裁判であったのである。この点をはじめ陸海軍治罪法による訴訟手続の前近代性の払拭が長年の課題とされてきた。その解決は原敬内閣期まで持ち越された。一九二〇年一月九日に原敬内閣は陸軍軍法会議法（以下「陸会」）案、海軍軍法会議法（以下「海会」）案などを閣議決定した。法案策定にあたっては、「軍事の必要を阻止せざる範囲内に於て一般社会の進運に伴ふ」ことが方針とされた。そのため公開主義の採用、弁護人選任権の保障、上訴権の保障、さらには「帯剣法官中に専門の法律家を交ふること」などが求められた（一九二〇年一月二三日付『東京朝日新聞』）。これが法務官である。これら改正のみならず法律に記載される事項もきわめて詳細になった。その結果、陸軍治罪法は七四条までしかなかったところ、提出された陸会案は五六一か条もあった。

政府は一九二〇年二月三日に両法案などを貴族院に提出した。そして貴族院の陸軍軍法会議法案外六件特別委員会での審議に付された。しかし同年二月二六日に衆議院が解散されたため、いったんこれら法案は廃案になった。

改めて一九二一年一月一九日に両法案などが貴族院に提出された。陸会案の条文数は五六二か条に増えた。海会案とあわせれば一一〇〇か条を超える。そこで特別委員会の中に小委員会を設けて綿密に審議されることになった。審議において「現行法と比較して、相当進歩的である」ことが確認され、同年三月一日の貴族院本会議で両法案などは原案どおり可決された。両法案などは衆議院に送られ、三月一六日に衆議院本会議でも原案のまま可決された。大正デモクラシーという時代状況が順調な法案審議を後押ししたと考えられる。上奏・天皇の裁可を経て陸会、海会などは同年四月二五日に公布され、翌一九二二年四月一日に施行された。

これらは一九四六年五月一八日公布・施行の昭和二一年勅令第二七八号で廃止されるまで、日本の軍事司法を支える基本法の役割を果たした。陸会・海会に規定された軍法会議の種類は〔1-1〕のとおりである。平時には常設軍法会議のみが置かれ、戦争・事変など一定条件の存在により特設軍法会議が設けられた。

陸軍治罪法下での師管軍法会議は陸会制定により師団軍法会議と改称された。ついでながら、一九四〇年からは内地の師団軍法会議については師団ナンバーではなく、その所在地名を上につけるよう呼称が変更された。たとえば、それまでの第七師団軍法会議は旭川師団軍法会議へと名称が変わった。

〔1-1〕陸会・海会に基づく軍法会議の種類

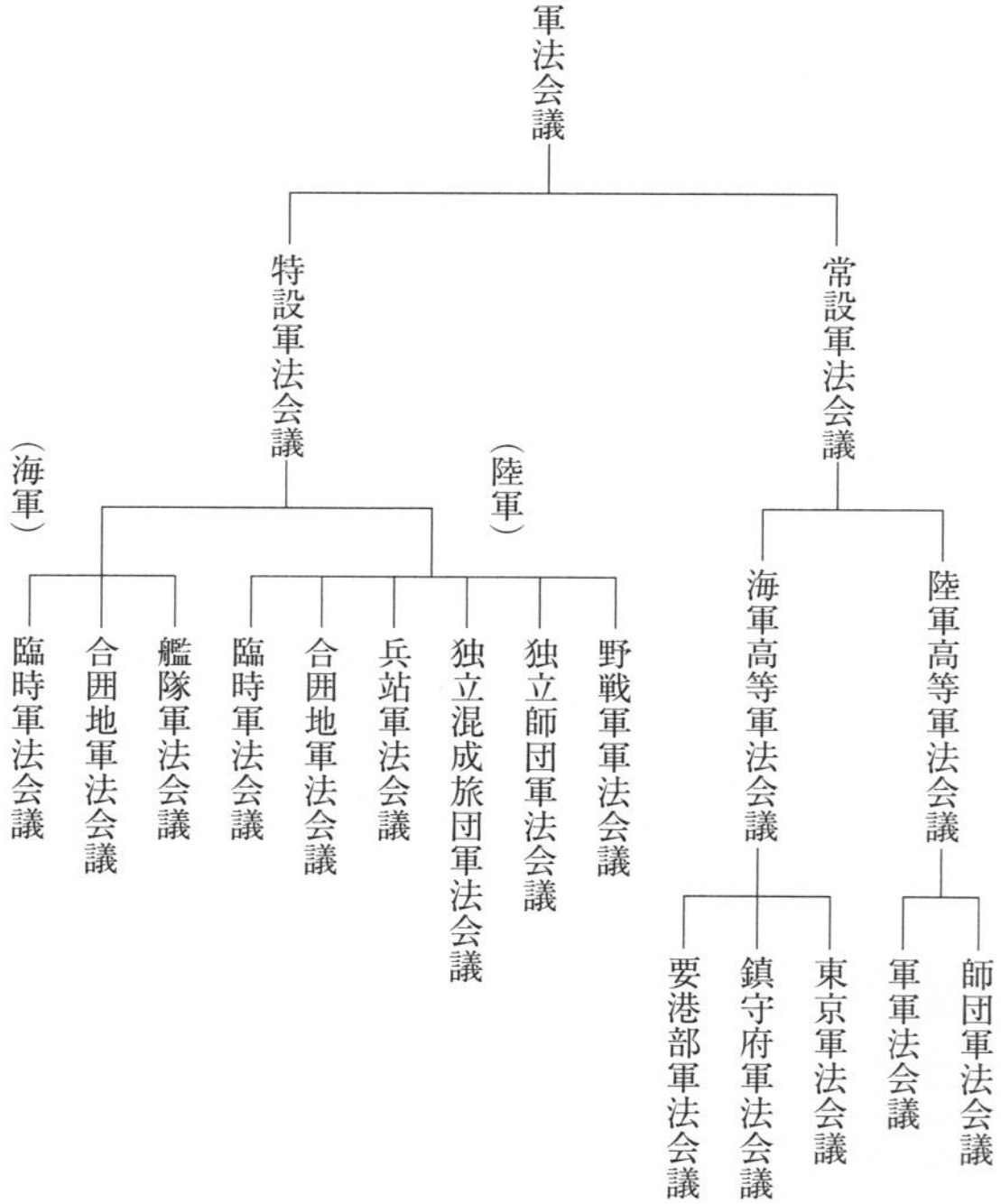

出典：伊藤・百瀬（1990：280）

軍法会議における法務官の位置づけ

法形式が法律になって以降の陸海軍治罪法下の軍法会議の法廷は、通常は佐官の判士長一人と尉官の判士四人で構成されていた。すなわち裁判官は全員武官であった（ただし、太政官布告時代の陸軍治罪法では、武官四人と理事一人の法廷構成）。判士長・判士とは軍法会議の裁判官である資格を示す職名（後述）である。それでも法曹資格を持たない軍人たちのみでの審理は不可能なため、文官で司法官試補の有資格者である理事（陸軍）、主理（海軍）が彼らを法的に補佐した。理事・主理が容疑者を取り調べ、調書や判決書を作成したのである。加えて裁判官とともに出廷していた。「理事は軍法会議の中枢」「其責任は絶大なもの」と指摘される存在であった。主理についても事情は同様であったと推測される。

陸会・海会では、これら理事・主理の官名は陸軍法務官・海軍法務官に改められた。法廷構成は将校の判士四人と文官である法務官一人へと変えられた（陸会・海会ともに第四九条）。判士長という職名は廃止され、判士の中で上席者を裁判長とした（陸会・海会ともに第四七条第二項）。他方、二審制の上告審である高等軍法会議になると五人のうち法務官は二人とされた（陸会第五一条・海会第五二条）。臨時軍法会議などの特設軍法会議には上告制度はなかった（陸会第四一八条・海会第四二〇条）。それどころか非公開で弁護人も認められず（陸会・海会ともに第九三条）、依然として暗黒裁判にとどめられた。アジア太平洋戦争末期に各地の戦場に設けられた臨時軍法会議は、「異分子」を物理的に排除することを正当化する装置に堕していた。

軍法会議で五人の裁判官が意思決定のために合議を行うことは評議と規定され、そこで意見を述べる順序も決められた（陸会・海会ともに第九七条）。１．法務官（高等軍法会議では法務官が二人いるので、１．席次の低い方の法務官、2．席次の高い方の法務官）、2～4（高等軍法会議では3と4）．席次の低い順に裁判長を除く判士、5．裁判長。もっとも裁判体の意思は過半数で決せられる（陸会・海会ともに第九八条）ので、裁判長が意見を述べるまでに決着がつくことは十分にあり得た。

判決書の最後に五人の裁判官の氏名が記録される。筆頭に裁判長判士の氏名があり、次に法務官、三人目以降は席次の高い順に判士の氏名が記された。また、「法の番人」たる立場を担保するため、法務官は終身官とされ（陸会・海会ともに第三五条）原則として意に反する免官、転官はされなかった（陸会・海会ともに第三七条）。

法務官に任用されるまで

法務官に任用されるにはいかなるルートをたどるのであろうか。陸会・海会ともに第四一条は「法務官ノ任用及懲戒ニ関スル規程ハ勅令ヲ以テ之ヲ定ム」としている。該当する勅令が陸軍法務官及海軍法務官任用令（大正一〇年勅令第九八号：以下「任用令」）である。その第一条は「陸軍法務官ハ陸軍法務官試補、海軍法務官ハ海軍法務官試補ヨリ之ヲ任用ス」と謳っている。法務官は法務官試補から任用されるのである。ならば法務官試補に採用されなければならない。その資格を定めたのが任用令第二条である。そこには「陸軍法務官試補及海軍法務官試補ハ司法官試補タルノ資格ヲ有スル者ヨリ之ヲ採用ス」とある。

この「司法官試補タルノ資格ヲ有スル」ためには、高等試験司法科試験に合格しなければならない。司法科試験（現在の司法試験に相当）は一九二三年度からはじまっている。従って、両軍法会議法が施行された一九二二年度に限っては判事検事登用第一回試験の合格者から司法官試補を任命した。

合格者の中から「陸軍法務官試補タラムト欲スル者」（陸軍）・「法務官試補ノ採用ヲ望ム者」（海軍）は、「志願書ニ左ノ書類ヲ添ヘ」（陸軍）・「左ノ書類ヲ添ヘ」（海軍）て、「陸軍大臣ニ差出スヘシ」・「海軍大臣ニ出願スヘシ」と定められた（陸軍法務官試補採用竝実務修習及実務修習試験規程第一条・海軍法務官試補実務修習及実務修習試験規則第一条）。そして、陸軍・海軍ともに「左ノ書類」の中に「司法官試補タルヲ得ル証明書」が含まれていた。

司法科試験に合格して「司法官試補タルノ資格」を得ても、成績が下位の者は司法官試補に採用されれなかった。弁護士にはなることができた。法務官試補もそうした合格者の進路とみなされていたのであろうか。

とまれ法務官試補に採用されると、軍法会議附となって一年半以上の実務修習に携わる。それを経たのち実務修習試験に合格することが、「本官」たる法務官になる要件として課せられた（任用令第三条）。法務官試補は裁判官の評議を傍聴することができた（陸会・海会ともに第九六条）。これは裁判所構成法第一二一条「判事ノ評議ハ之ヲ公行セス但シ予備判事及試補ノ傍聴ヲ許スコトヲ得」という事務修習の規定を採ったものである。

以上の法務官への道を陸軍を例にまとめると〔1-2〕のとおりになる。

〔1-2〕陸軍法務官への道

資格／官名	資格／任用根拠	採用要件
司法官試補	高等試験司法科試験合格	
陸軍法務官試補	陸軍法務官及海軍法務官任用令第2条	陸相に「司法官試補タルヲ得ル証明書」を含む書類を提出。
陸軍法務官	同右第1条	軍法会議附陸軍法務官試補として一年半以上の実務修習。その後に実務修習試験に合格。

筆者作成。

官名と職名

〔1-2〕にある官名とは職務の総称的な種類を指すのに対して、職名はその種類の下での具体的な職務を示す。高等裁判所長官は官名であって、東京高等裁判所長官は職名となる。陸軍法務官という官名に任じられた者が、第N師団軍法会議法務官に補される。前者を任命といい後者を補職とよぶ。

陸軍の場合、高等軍法会議の長官は陸軍大臣、師団軍法会議の長官は師団長であった。海軍では、高等軍法会議の長官は海軍大臣、鎮守府軍法会議の長官は鎮守府指令長官であった。ただし、軍法会議長官という独自の官職があるわけではなく、法が定めるいわば充て職として軍法会議の長官に就くにすぎなかった。各軍法会議の長官が訴訟ごとに判士四人と法務官一人（高等軍法会議では三人と二人）を、それを裁く法廷の裁判官に命じた。法務官は長官の命令により、裁判官に限らず予審官あるいは検察官の職務を担当することもあった。

言い換えれば、判士と法務官は各軍法会議に常に置かれる存在であったが、五人の裁判官をだれにするかは事件ごとに長官が決めたのである。一例として『職員録 昭和十年一月一日現在』で、本書のテーマである堀木常助が所属していた第七師団軍法会議をみてみよう。そこには判士二一人と法務官四人の氏名が載っている。訴訟となれば、師団長は判士から四人と法務官から一人の裁判官を定めた。判士のうちだれを当該事件の裁判官に充てるかは被告人の身分に応じて決められていた（陸会・海会ともに第四九条第二項）。判士の官等が被告人の官等より下位にならないことがポイントであった。加えて、裁判官に充てられなかった残る法務官三人のうちの一人を検察官に命じた。訴訟が終了すればこれらの役割は消滅したのである。

すなわち、法務官の位置づけに関して陸軍を例に整理すると〔1-3〕になる。

〔1-3〕陸軍法務官の位置づけ

官名	職名	職務
陸軍法務官	第N師団軍法会議法務官	裁判官／予審官／検察官のいずれか
（根拠）首相による任命	（根拠）陸軍省による補職	（根拠）第N師団軍法会議長官による命令

筆者作成。

法務官への相反する評価

法務官をめぐる評価は正反対に割れている。陸軍幼年学校、陸軍士官学校、陸軍大学校を卒業し、陸軍省軍務局軍事課長にのぼりつめたエリート軍人の西浦進は手厳しい。「法務官について―陸軍法務官の能力の低いことは意想外であった。五・一五、二・二六と法務官が世の注目を浴びるようになっていたときは遅かった。確固たる信念をもった法務官というものは、遺憾ながら我々の在勤中には殆んど見られなかった」（西浦 1980：100）。

自身も一九四五年三月に陸軍法務官職務取扱を命じられた花園一郎も、きわめて否定的な見方を示している。「軍のもとめるところに積極的に協力して注目されることが栄達のみちにつながる」ことから、「法務官の多くは職業軍人の恣意を法律で規制するどころか、逆に法律を巧妙に解釈して軍人の恣意の修飾に奉仕する法律技術者になり下ってしまった」（花園 1974：21）。

これに対して、小川関治郎陸軍法務官の三女で歌人の長森光代は真っ向から反論する。とりわけ西浦の指摘には我慢がならなかったことが、次の文章に如実に現れている。

「私は〔略〕西浦元軍事課長の言については、父の名誉、いや、全法務官の名誉のために異議を唱える。／西浦元課長は「陸軍法務官の能力の低いことは……」と言っているが、「無力」ということと「能力が低い」ということの意味の差異をご存じなかったのではないだろうか。「法務官の無力」ならば、その意味の深さを斟酌すれば肯けないことではない。だが、「法務官の能力の低さ」となると、聞き捨てにはできない。元課長は又、「確固たる信念を持《ママ》った法務官というものは（中略）殆んど見られなかった」とも言っているが、いやしくも数ある法務官の個々の信念を糺したことがあるのだろうか。〔略〕私としては、承服できない」。その上で「私の父の職業が法務官であったことを誇りにしている。そして、父が、最も立派な優秀な、法務官らしい法務官であったに違いないと固く信じている」という（美和町1999：77，84）。

「皇軍トシテ恥ズベキコト言語ニ絶ス」

もちろん、実の娘の主張であるから割り引いて受け止める必要があろう。とはいえ、小川関治郎が遺した勤務日記を読むと、彼が軍の規律維持のため日々心を砕き悩んでいたことが伝わってくる。言い換えれば、それほどまでに戦地での軍紀の乱れははなはだしかったのである。小川は一九三七年一〇月に第十軍法務部長に就き一一月には華中の杭州湾北岸に上陸する。

前述のとおり、陸軍の編成単位として最大の戦略単位は師団であった。ところが、外地に限っては一九一〇年代に師団以上の部隊組織として軍が設けられた。支那駐屯軍（一九一三年清国駐屯軍より改称）、朝鮮軍（一九一八年朝鮮駐劄《さつ》軍より改称）、台湾軍（一九一九年設置）、そして関東軍（一九一九年設置）である。中でも朝鮮軍だけはその下に常設師団を有していた。ついに、一九三七年七月七日の盧溝橋事件を機に日中両国が全面戦争に突入すると、軍が相次いで設置されていく。小川は第十軍設置とともに法務部長に着任したのである。

日中戦争の現場を小川は次のように告発している。日付は同年一一月二三日である。

作戦上必要以上ニ民家ノ破壊、次デ軍司令官ヨリ訓示アリシ如ク又自分モ二十日付ヲ以テ通牒ヲ発シタル如ク強姦、掠奪、放火等相踵《ツ》イデ頻発スルヲ憂ヒ之ヲ予防セントス　之レハ戦場ニ於ケル特別心理ナルカ至ル所強姦ヲ恣ニシ掠奪ヲ敢テシ放火ヲ悪事ト認メズ実ニ皇軍トシテ恥ズベキコト言語ニ絶ス　日本人トシテ特ニ日本ノ中枢タルベキ青年男子ガ斯ル心裡風習ヲ帯ビテ何等顧ル所ナク仮ニモソノ侭凱旋スルコトトナレバ今後日本全体ノ思想ニ及ボス影響如何ヲ考フルトキ慄然トシテ粟膚ノ感ニ堪エズ
（小川 2000：58―59）

軍司令官の訓示も法務官の通牒も何らの抑止力にならず、兵士たちは放縦の限りを尽くした。これが法務官の「能力が低い」ためであったとは決して言えまい。「戦場ニ於ケル特別心理」とはいかにおぞましいことか。

ところで、法務官は軍人ではないので、たとえ治安の悪い宿営地でも武器の携行は許されなかった。同年一一月一六日の日記で、小川はその不安を吐露している。「頗ル危険ヲ思ヘバ吾々ニテモ拳銃ノ携帯ノ必要ヲ痛切ニ感ゼリ　将来ハ法務官モ必ズ拳銃ヲ携帯スル必要アルベシ」（小川 2000：43）

甘粕事件を裁いた軍法会議

それ以前に小川は、関東大震災の戒厳令下で陸軍憲兵大尉の甘粕正彦らがアナキストの大杉栄らを扼殺した甘粕事件を裁いた軍法会議にかかわっていた。その公判審理は第一師団軍法会議で行われ、小川はこの法廷の裁判官を命じられた。

第一回公判は一九二三年一〇月八日に開廷された。同日午後、小川は甘粕を厳しく尋問した。陸会第四六条は「軍法会議ハ審判ヲ為スニ付他ノ干渉ヲ受クルコトナシ」と謳っている。小川はこの条文に忠実たらんとしたのだ。しかるにむしろこの姿勢が弁護人（塚崎直義（のちの最高裁判事）、糸山貞親）の不興を買ってしまった。弁護人はそれが小川の忌避理由にはできないので、小川が大杉と同郷であって遠縁の関係にあるとの理由を主張した。両者の「気が遠くなる」くらいのまさに遠い縁戚関係を弁護人は見つけ出した。こんな忌避理由が容易に認められてしまい、一一月一六日の第二回からは小川に代わって告森《こつもり》果が裁判官となる。第四師団軍法会議法務官に補されていた告森は、このために一〇月一三日付で第一師団軍法会議法務官兼務を命じられる。

一九二三年一二月八日に言い渡された甘粕に対する判決主文は、「被告正彦を懲役十年に処す」であった。「温情」あふれる判決である。小川は歯がみしたことであろう。その背景として次のことが指摘されている。

大正十年に従来の陸軍治罪法に代つて陸軍軍法会議法ができ、軍事裁判にも近代刑事訴訟法の原理が採用され、裁判も公開となつた。しかし、甘粕事件の場合実際には、傍聴席はどういうわけかほとんど軍関係者で占められていたし、裁判官は軍人、弁護人もあらかじめ軍法会議弁護士として指定されている者に限られていた。そのため、形だけ公判をすりぬけたという非難がなされたのである。このような軍法会議のペースがまかり通つたことは、やがてくる軍国主義、具体的には五・一

五や二・二六事件への露払いの意義をもつたものとさえいえよう。（我妻栄編 1969：431）

この点からすれば西浦より長森の主張に分がありそうにみえる。もっと言えば、西浦は壊滅的な敗戦に終わった戦争責任を、立場の弱かった法務官に転嫁しているとさえ考えられる。

しかも、甘粕は千葉刑務所に服役中に皇太子（のちの昭和天皇）成婚恩赦や仮出獄の「幸運」に恵まれ、一九二六年一〇月九日に出獄している。服役期間は三年に満たなかった。一方、小川は二・二六事件（一九三六年）を裁いた東京陸軍軍法会議の裁判官として、反乱幇助容疑で逮捕された真崎甚三郎陸軍大将の審理に関与した。評議で小川は真崎の有罪を強く主張した。しかし軍人裁判官は無罪の立場を譲ることはなかった。そこで大山文雄陸軍法務局長が小川を説得して、一九三七年九月二五日に真崎に無罪判決が言い渡された。小川は再び煮え湯を飲まされたのである。この法廷は判士として磯村年陸軍大将と松木直亮陸軍大将、そして小川の三人で構成された。磯村が裁判長を務めた。

すでに引いたとおり、陸会第四六条は「軍法会議ハ審判ヲ為スニ付他ノ干渉ヲ受クルコトナシ」と規定する。審判機関としての軍法会議は独立を保障されていた。とはいえ大山は審判に大きく干渉している。元裁判官で二・二六事件裁判の一次資料を分析した松本一郎は、「裁判手続きはめちゃくちゃで、法を守るべき司法当局は終始、強権的陸軍の言いなりだった」と批判する（一九九九年七月一三日付『西日本新聞』）。

なお、東京陸軍軍法会議は陸会を根拠にして設置された特設軍法会議ではない。東京陸軍軍法会議ニ関スル件（昭和一一年勅令第二一号）に基づいている。これは明治憲法第八条第一項に依る緊急勅令であった。

戦場の軍法会議

二〇一二年八月一四日にＮＨＫスペシャル「戦場の軍法会議〜処刑された日本兵〜」が放送された。前出の馬場東作海軍法務官が一九四四年一一月に激戦地フィリピンに異動する。アジア太平洋戦争においてフィリピンでは四九万八六〇〇人の日本人軍人・軍属が没している。この数は日中全面戦争期における戦没者数の四五万五七〇〇人よりも多い。フィリピン人はその倍以上の約一一一万人が犠牲になっている。赴任当初の馬場は、この戦場でも法の支配を実現し軍紀の乱れを食い止めようと尽力する。だが戦局の悪化にともないその「空気」感に毒され、ついには軍に迎合するようになる。番組はその過程を丹念に描いていく。

中でも印象的なのは、英語が上手な海軍上等機関兵の罪を故意に重くして死刑に処した事例である。逃亡すれば米軍に日本軍の情報が筒抜けになってしまうと憂慮した上官たちが馬場に圧力をかけて、死刑に値する罪状をひねり出させたのではないか。こうした関係者の推測が紹介される。絶望的な状況にあって、馬場は「敵前において軍紀を保つために逃亡者を斬ることは犯罪にならない」との法解釈を、各部隊の司令官に通知することさえした（ＮＨＫ取材班・北 ２０１３：１６４）。軍法会議を通じて軍紀を維持するという「法の番人」としての自覚もかなぐり捨てたのである。されど馬場を責めるより戦争を、ひいてはその責任者を憎むべきなのだ。

さて、映画『軍旗はためく下に』（一九七二）をみると、人肉食まで横行した極限状態の戦場にあっては、軍法会議はまったく形骸化していた。これを痛感させられる。この映画には憲兵は出てくるが、法務官の存在ははっきりしない。一九四五年二月に陸会が改正されて「第四九条ノ二」が加えられた（昭和二〇年法律第四号）。これにより、特設軍法会議に限っては陸軍の将校が法務官（当時は法務部将校が充てられた）の代わりに裁判官の職務を行うことが可能になったのである。たとえば戦場で敵前逃亡が発生した場合、臨時に特設軍法会議が開かれ処罰が決められる。戦域の拡大・戦死者の累増により法務部将校が払底して、法務官不在のまま理不尽な「判決」が言い渡された。ニューギニアで銃殺されたこの映画の主人公が裁かれた軍法会議も、これに当てはまるのかもしれない。

学徒動員の陸軍少尉が捕虜の処刑を命じられる。古参の下士官らになめられまいと少尉は捕虜に軍刀を振りかざすが、死に至らしめることができない。見かねた上官が憲兵に銃殺を命じる。面目をつぶされた少尉は部下にますます暴力をふるって当たり散らす。八・一五の敗戦の知らせもデマだとして、餓死寸前の部下に戦うよう命令する。主人公らは少尉を殺害して生き延びる。上官は捕虜虐待を隠蔽するため主人公らを形ばかりの軍法会議にかけて、死刑に処する「法的根拠」をでっち上げる。軍法会議は法の支配を貫徹させる機関たりえず、厄介者の「処分」にお墨付きを与える儀式的存在にすでに変質していた。

映画『仁義なき戦い』（一九七三）の監督として有名な深作欣二が監督を務めた本作品は、結城昌治の同名の小説が原作である。第六三回直木賞を受賞した。そのモデルとなったのは、敗戦直前にニューギニアの東方のブーゲンビル島で吉池袈裟次陸軍軍曹ら五人が敵前逃亡で処刑された事件だとみられる。

法務官の「肉声」を求めて

以上、軍法会議と法務官に関する制度的な整理を行い、若干の具体的事例を検討してきた。その中で取り上げた馬場は日記をつけており、また証言がテープに録られている。ただいずれも、NHK取材班・北博昭（２０１３）にごく一部が再録されているにとどまる。このほかにも馬場には横罫の用紙に手書きされた回想録もあり、そのまま製版され『回想』との題名で非売品として出版された。先に引用した小川関治郎の従軍日誌は『ある軍法務官の日記』と題して刊行されている。これら以外には、矢口洪一元最高裁長官が大学卒業後に海軍の法務官となり二年程度軍法会議で裁判した様子を述懐している（矢口述２００４）。とまれ、元法務官から発せられる「肉声」はあまりに少ない。

彼ら三人に加えて法務官として名前が知られているのは、匂坂《さきさか》春平、大山文雄、さらには島田朋三郎くらいか。匂坂は前記の東京陸軍軍法会議で首席検察官を務めた。大山は陸軍法務官のトップである陸軍省法務局長にのぼりつめた。そのポストにあって二・二六事件の裁判にも関与したことは先述した。島田については第４章の冒頭でやや詳しく論じる。

一方で、「無名」の法務官である堀木常助には貴重な資料が遺されていた。これらを掘り起こすことで、法務官の「肉声」とイメージはより豊富になるはずである。次章以降では彼の五三年と六か月余の生涯に光を当てることにする。

第2章　伊勢の名門・堀木家の六男として生まれて

祖先は伊勢擬革紙の考案者

江戸時代になると「お伊勢参り」は民衆の間では一生のうち一度はするものだとの通念が形成されていく。その突発的集団参宮は「おかげまいり」とよばれる。一八二九年の式年遷宮（社殿を建て替える二〇年に一度の行事）の翌年には四五〇万人以上ともいわれる郡参があった（鎌田　2013：60）。もちろんそれは信仰目的のみならず、レクリエーションも兼ねていた。いまも新年の伊勢神宮参拝は歴代首相の恒例行事になっている。毎年一月四日に首相は日帰りで参拝する。ただし、二〇二一年の新年参拝はコロナ禍を理由に見送られた。二〇二二年には一月四日に岸田文雄首相が参拝した。

一生に一度の大旅行であるから土産を買って帰らなければならない。伊勢土産として好評を博したのが擬革紙でできた煙草入れであった。擬革紙（【2-1】参照）とは和紙に油を塗って乾燥させるなどの工程を経てつくられた皮革の模造品である。神聖な神宮内に動物の皮革製品を身につけて参拝するのはよくないこととされていたため、擬革紙製の煙草入れは重宝されたのである。

〔2-1〕筆者が購入した擬革紙でつくられた小銭入れ
2022年4月22日・筆者撮影。

擬革紙の考案者こそ常木常助の祖先に当たる初代堀木忠次郎である。当家の屋号は三島屋であったので略して三忠とよばれた。考案年は一六八四年とされている。それを池辺清兵衛（壷屋）が煙草入れに加工して売り出した。常助の父の忠太郎（のちに忠次郎）も擬革煙草入れを製造販売して大きな財をなした。後掲〔2-3〕によれば、当時「擬革煙草入は伊勢参宮の人々が争って求めてかえる風流な土産物」であったという。忠太郎は弘化三年一〇月一六日（一八四六年一二月四日）に、いまでいう三重県多気郡明和町新茶屋に生まれ、一九〇八年一月二八日に没した。母親みと（旧姓・山西）は弘化三年九月二四日（一八四六年一一月一二日）に生まれ一九一三年四月一九日に死去している。

こうした裕福な家庭に常助は、一八八一年九月一七日に第七子の六男として生をうけた（〔2-2〕参照）。忠太郎（常助出生時にはすでに忠次郎に改名）・みとには六男二女があった。長男の忠太郎（襲名前・喜八）は慶応元年一〇月三〇日（一八六五年一二月一七日）に生まれた。国学を修める一方で菊花の培養に熱心で、「新茶屋の菊見」が年中行事の一つにまでなる。それが評判となり、貴顕高官も来観するほどであった。自ずと常助も彼らに接する機会を得て、その刺激から学業に励んでいく。忠太郎は郡会議員および村会議員（兼職）も務める地元の名士であったが、一九一三年三月八日に満四七歳で夭逝する。

〔2-2〕堀木家系図（一部省略あり）

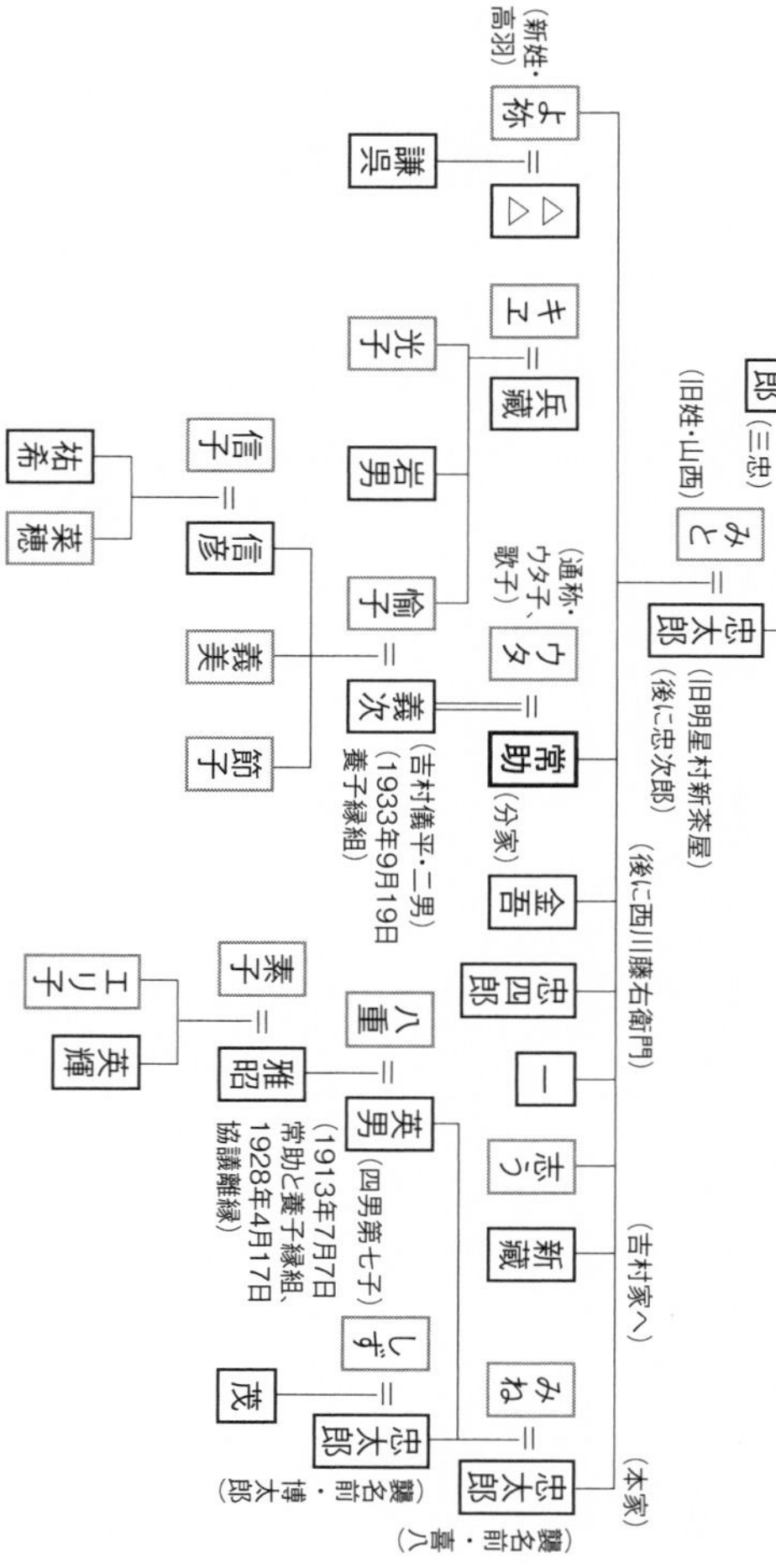

筆者作成。

ところで、一九三五年二月の常助の死去にあたって、「故陸軍法務官従四位勲四等堀木常助閣下略歴」がまとめられている（〔2-3〕）。常助に縁の深い人びとが寄稿している。常助の甥の高羽謙呉は常助の小学校時代について「始終首席で通し各種の参考書までも読破して先生を驚かした」と記している。さらに「此頃から不正を最も憎み大いに弱きを助ける美質があったと云う事でありますから已に法務官としての素質を有してゐた」と推測している。

三重県尋常中学校、第四高等学校を経て京都帝大へ進学

常助は小学校卒業後に三重県尋常中学校（のちの三重県津中学校、現・三重県立津高校）に進学する。同校の卒業生で常助の一〇年年下に先述の甘粕正彦（一八九一年生）がいる。戦前に「治安維持法の生き字引」といわれた思想検事・池田克（一八九三年生）も同校の卒業生である。戦後、公職追放されるが、一九五二年四月に解除され一九五四年一一月に最高裁判事となって「復権」した。一九四九年に発生した国鉄にまつわる三大怪事件が下山事件（七月六日）・三鷹事件（七月一五日）・松川事件（八月一七日）である。その下山事件で轢死体で発見された下山定則国鉄総裁（一九〇一年生）も卒業生である。加えて、農業経済学者の東畑精一（一八九九年生）も同校を卒業している。

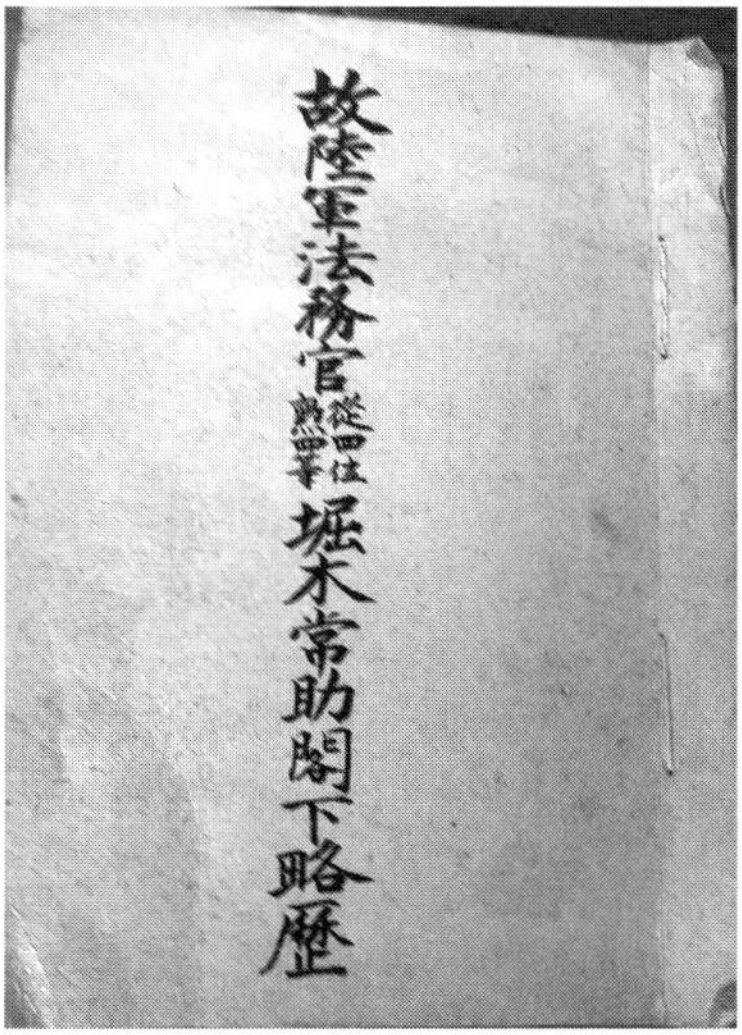

〔2-3〕「故陸軍法務官従四位勲四等堀木常助閣下略歴」
2020年1月31日・山田節子氏宅にて筆者撮影。

次いで常助は一九〇〇年九月に金沢の第四高等学校に入学する。当時の第四高等学校の学科課程は、

第一部（法科及文科）、第二部（工科理科及農科）、および第三部（医科）の三部制をとっていた。その上第一部の法科は英法科と独法科に分かれていた。両者の違いは一週間あたりの外国語の時間数であった。一九〇三年七月四日付『官報』記載の同校の卒業生名簿には「第一部法科（英法）」の欄に常助の氏名があることから、常助は英法科に在籍していたことがわかる。

ちなみに、上記『官報』の卒業生名簿の氏名の登載順はイロハ順になっていないので成績順なのであろう。第一高等学校に至っては「昭和十年代まで成績順を守り通した」という（秦 2003：118）。常助の氏名は第一部法科（英法）卒業生一七人中八番目にある。氏名の上に「族籍」として「三重県平民」と記されていることに時代を痛感する。もちろん「華族」「士族」と記された卒業生もいた。そして、一九〇三年九月に常助は京都帝国大学法科大学へ進学する。

妻ウタとの「学生結婚」

京都帝大時代に常助は京都・祇園の老舗お茶屋である一力亭で芸妓をしていたウタと出会う。出会うといっても、祇園は「一見のお客を上げることはない」。常助はいかなる紹介者を通して一力亭の客になれたのか。しかも、常助よりほぼ一〇年後に第三高等学校の一年生の時に祇園で遊んだと話す弁護士の熊谷康次郎は、一回飲むのに五円が相場であったと回想する（「今は昔 祇園の夜話」1972：98）。こんな大金を常助はどうやって工面したのか。疑問は尽きないが、ともかく常助はウタと結婚する意思を固める。常助の実家はこれに激怒し、常助は堀木家から勘当され仕送りも途絶える。そうした常助の学費や生活費

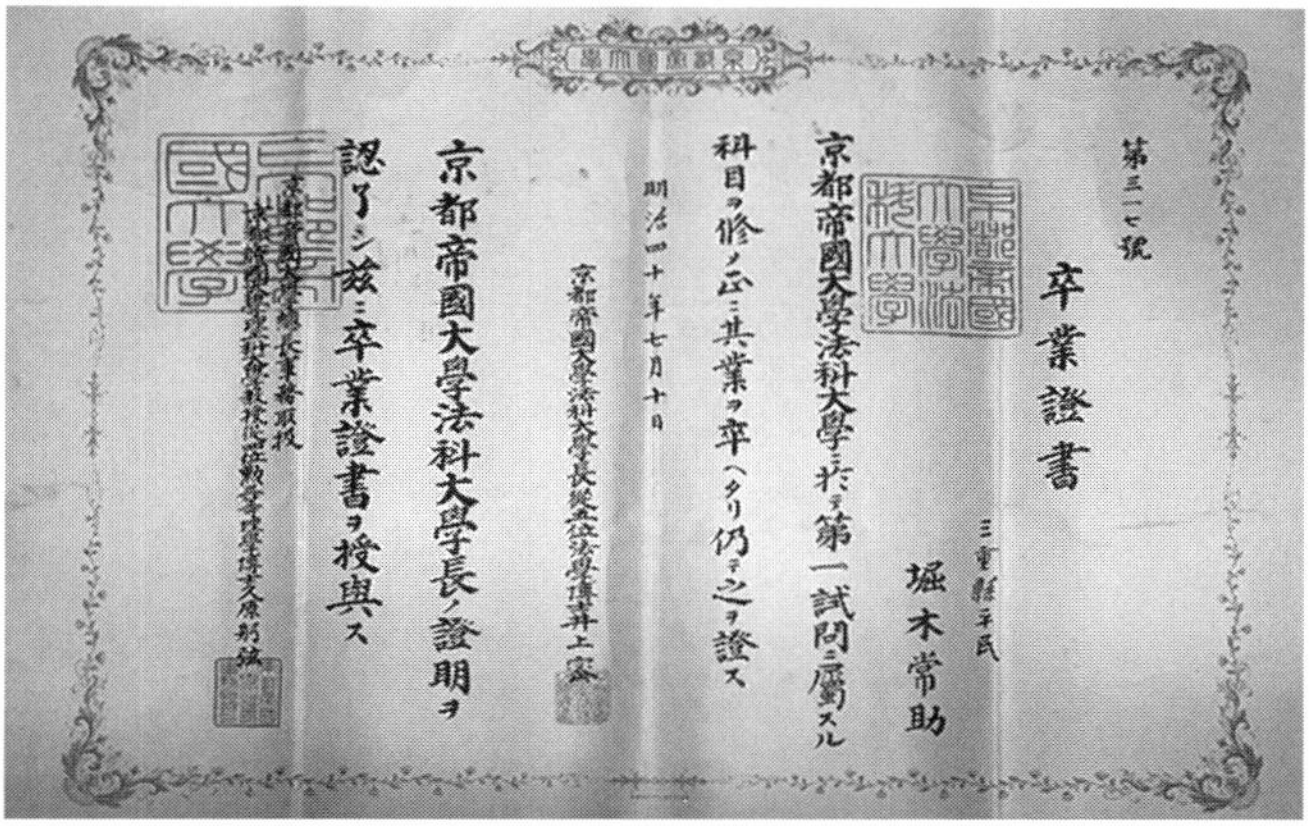
第三一七號

卒業證書

三重縣平民
堀木常助

京都帝國大學法科大學ニ於テ第一試問ニ屬スル
科目ヲ修メ茲ニ其業ヲ卒ヘタリ仍テ之ヲ證ス

明治四十年七月十日

京都帝國大學法科大學長従五位法學博士井上密

京都帝國大學法科大學長ノ證明ヲ
認了シ茲ニ卒業證書ヲ授與ス

〔2-4〕常助の京都帝大卒業証書
2022年12月1日・常助の又甥の堀木茂氏（〔2-2〕参照）提供。

の一切合切をウタが面倒をみたという。ウタは一八七五年五月三〇日生まれなので、常助の六歳年長になる。

『京都大学百年史 総説編』には、一九〇一年頃の京都帝大学生の平均生活費の月額として「寄宿舎費は75銭、授業料2円50銭、食費5円10銭、本代その他の雑費が8円50銭、合計16円85銭、約17円程度であった」（京都大学 1998：1115）と記されている。

二〇世紀初頭の一円はいまのいくらに当たろうか。小学校教員の初任給をものさしにすると当時の一円はいまの二万円に相当する。一七円ならば三四万円である。これだけの額をウタが毎月負担していたとすれば、おそるべき収入があったことになる。

ただし戸籍上、この二人が結婚したのは一九一三年一〇月一〇日である。今でいう事実婚時代が長かったことになる。言い換えれば、勘当がやっと解けたのかもしれない。

常助は一九〇七年七月一〇日に京都帝大を卒業する（〔2-4〕）。当時の京大法科大学の修業年限は三年であるから、一九〇三年入学の常助は一年留年したことになる。三年次に文官高等試験（現在の国家公務員採用総合職試験に相当）に失敗すると、留年して合格を目指す学生が少なくなかった。それが理由とも考えられる。卒業試験ではドイツ法を選択している。上掲の常助の甥・高羽は「自己の個性に従って皇国の為め御奉公しようと陸軍法務部に勤務する事となった」と書いている。とはいえ、なぜ裁判官にならず、当時はまだ軍法会議の法律顧問的存在でしかない陸軍法官部勤務を志したのか。その動機はよくわからない。

小川関治郎と馬場東作が軍法務職に進んだ経緯

第1章で言及した小川関治郎の場合、明治法律学校（現・明治大学）卒業ののち猛勉強の末、一九〇四年の判事検事登用試験に合格した。この年の合格率は一三・一％であった。一八八七年から一九〇八年まで一二回実施されたこの試験の中で最も高い。一二回の平均合格率は八・〇％である（潮木 1984：163）。日露戦争中の試験のため合格者を多く出したということか。とまれ小川は一九〇四年一二月二四日付で司法官試補に命じられた。事務修習地は横浜となった。

その後一九〇六年一二月に判事に任じられる。欠員がなかったためしばらく予備判事であったが、一九〇七年六月一七日付で太田水戸地方管内区裁判所判事に補された。ところがそれから一〇日もしない同年六月二八日付で理事に任じられ第十六師団法官部部員を命じられた。第十六師団の司令部所在地は京都である。常陸太田から京都に転勤したことになる。判事から理事へ転官した理由は何であったのか。やはり前出の小川の三女である長森光代は「この間の事情について父からは聞いたことは一度もない」と記すのみである（美和町1999：19）。

ただ、制度の臨時的変更が背景にあったことは指摘できる。一八九四年二月五日公布の理事主理任用令（明治二七年勅令第一三号）には判事から理事へ転官を可能にする規定はなかった。それを可能にしたのが、一九〇七年六月三日に公布・施行された理事任用ニ関スル件（明治四〇年勅令第二一九号）である。全文を次に掲げる。

司法官試補タルノ資格ヲ有シ判事検事其ノ他ノ高等文官ノ職ニ在リタル者又ハ陸軍将校ニシテ司法官試補タルノ資格ヲ有スル者ハ本令施行後三年間ヲ限リ直ニ高等官七等以下ノ理事ニ任用スルコトヲ得

理事試補ノ実務修習期間ハ本令施行後三年間ヲ限リ九箇月迄短縮スルコトヲ得

すなわちこの勅令により、三年間の時限措置として判事から理事へ転官が可能となったのである。その施行から一か月足らずで、有資格者である小川は待ち望んでいたかのごとく転官した。小川は「直ニ」理事に任用され、高等官八等に叙せられた（高等官については後掲［2-5］をみよ）。また、理事主理任用令第三条に一年半以上と定められていた理事試補の軍法会議における実務修習期間は九か月を下限に短縮できるとされた。日露戦争を経て軍事に関する諸制度は拡大し、軍法会議の運営はじめ軍法務を担える人材への需要が急増していたものと推察される。

一方、これも第1章で触れた馬場東作は、海軍法務官となったいきさつを自伝に書き残している。それに基づくと、馬場は一九〇九年五月二四日に神戸に生まれ、一九二九年四月に東京帝大法学部に入学する。そして大学三年次の一九三一年六月に高等試験行政科と司法科を受験した。しかし「この試験には見事失敗した」（馬場 1985：20）。その場合「留年する者も少なくなかった」が、父の退職もあって就職を考えて一九三二年三月に卒業した。それでも、就職はせずに再受験の準備を進めた。再受験の結果は「筆記試験で再度行政科は失敗し、司法科に辛うじて合格した」（同前：20）。一九二九年のアメリカ発の世界恐慌が日本にも波及し、日本経済は瀕死の状況を呈していた。不本意であっても「何は兎もあれ、就職する必要があり」（同前：21）、叔父の松本青二の紹介で海軍省法務局から面接に呼び出された。面接にあたったのは、いずれも海軍法務官の潮見茂樹と高頼治であった。当時、潮見と高は東京軍法会議法務官兼高等軍法会議法務官に補されていた。

> そのうち採用の通知があり昭和8〔1933〕年4月に法務官試補を命ぜられた。思いがけず海軍法務官試補となり直ちに横須賀鎮守府軍法会議赴任を命ぜられた。〔略〕当時の横鎮軍法会議では尾畑〔義郎〕首席法務官、戸田〔忠孝〕法務官、楠田〔直方〕法務官、金井〔重男〕法務官、井崎〔冨之介〕法務官の5人が勤務していた。楠田法務官が私の指導官となった。（同前：21―22）

かくして、馬場は行政官僚志望であったが司法科試験しか受からず、さして強い動機はなかったが

「思いがけず」法務官試補に就いたようである。

この「思いがけず」には、馬場の望みがかなわなかった悔しさを感じ取ってしまう。戦前の司法官の地位は行政官のそれに比べて低かった。行政科試験には二度失敗し司法科試験には二度目で「辛うじて合格した」。これが謙遜ではなく事実であれば、前章で述べたように司法官試補に採用されることはむずかしい。馬場は一九三三年から一九四九年まで日記をつけていた。一九三二年一二月一九日には「荊棘《いばら》のみの待ち受ける道は、既に私の進べき唯一の道である」と書いていた（ＮＨＫ取材班・北２０１３：71）。不承不承の進路をこう表現したのであろうか。

帝大特権

話を常助に戻そう。常助は小川と異なり判事検事登用試験を受ける必要はなかった。当時の裁判所構成法第六五条第二項には「帝国大学法科卒業生ハ第一回試験ヲ経スシテ試補ヲ命セラル、コトヲ得」と定められていたためである。判事検事登用試験規則は判事検事に任用されるためには二回の競争試験を経ることを求めていた。第一回の試験に合格した者が司法官試補として裁判所および検事局にて三年間の実地研修を受けて第二回の試験に臨むのである。

理事主理任用令第一条は「理事ハ理事試補〔略〕ヨリ任用ス」とあり、第二条は「理事試補〔略〕ハ司法官試補タルノ資格ヲ有スル者ヨリ採用ス」となっていた。要するに常助は京都帝大を卒業した時点で司法官試補の資格をもっており、理事試補に採用される要件を満たしていたのである。無試験で司法官試補の資格が与えられるこのいわゆる帝大特権をめぐっては、批判が強まりのちに廃止される。

すなわち、一九一四年四月一四日付で大正三年法律第三九号として裁判所構成法の改正が公布された。これにより帝大特権を規定した上記第六五条第二項は削除された。ただし、この改正法の施行期日は勅令に委ねられた。ようやく一九一八年一月一七日公布の大正七年勅令第七号・高等試験令の附則第三項に「第六十五条ノ改正規定ハ〔略〕大正十二年〔一九二三年〕三月一日ヨリ之ヲ施行ス」と記されたのである。公布から九年もかかって帝大特権はついに実質的に廃止されることになった。帝大法科の牙城はいかに強固であったかがわかる。

理事に任官

常助は一九〇七年一一月一四日に理事試補に採用され、軍法会議構成員および第四師団法官部部員心得を命じられた。年俸は五〇〇円であった。このとき常助と同時に三人（荒井良彦・前田慎吾・佐藤理三郎）が理事試補に採用されている。手続としては、陸軍大臣（寺内正毅）が首相（西園寺公望）に「採用致度及稟議候也」と進達し（一一月一一日）、首相が花押を記した「指令案〔略〕採用ノ件上奏ヲ経タリ」との文書が作成され（一一月一二日）、首相から「〔略〕採用ノ件／右謹テ奏ス」と天皇に上奏された（一一月一三日）。現在の内閣法に相当する戦前の内閣官制の下にあっては、閣議を経ないことも首相が上奏した。

常助の初任地となった第四師団の師団司令部所在地は大阪である。師団司令部条例（明治二一年勅令第二七号・一八八八年五月公布）によれば、師団長には中将が親補され（第一条）、参謀部、副官部、法官部、監督部、軍医部、獣医部が置かれた（第一一条）。親補とは明治憲法下で天皇が親《み》ずから官職に命じることである。監督部は一八九〇年三月に廃止され、一九〇二年一月には経理部が、一九一八年六月には兵器部が置かれる。

法官部の定員は理事三人、録事（後述）三人の合計六人であった。一八八九年一〇月には理事四人、録事四人の合計八人に増員された。一九〇八年三月には明治四一年勅令第二九号として陸軍法官部条例が公布・施行され、法官部内の事務分掌が定められた。法官部に置かれる職員は部長と部員であり、「前項職員ノ外録事及陸軍警守ヲ置ク」（第三条）。第四条には「法官部長ハ当該師団長（略）ニ隷シ部務ヲ掌理シ法律事項ノ諮問ニ応ス」と、第五条には「部員ハ法官部長ノ命ヲ承ケ事務ニ服ス」、加えて第六条には「録事及陸軍警守ハ上官ノ命ヲ承ケ事務ニ服ス」と指揮命令系統が明記されている。

法官部部員心得であった常助は、一九〇八年八月二二日付で心得を免じられ、第四師団法官部部員となった。

陸軍法官部条例は一九二二年四月の陸会施行にともない廃止され、代わって陸軍法務部令（大正一一年勅令第八三号）が制定された。法官部は法務部に改称された。法官部条例では「部長、部員」とだけあったが、法務部令になるとそのあとにこれらの職には「陸軍司法事務官ヲ以テ之ヲ充ツ」と条件が付けられた（第三条）。陸軍司法事務官については第4章で言及する。「録事及陸軍警守」の文言は「判任文官」に改められた（同）。

「判任文官」つまりは判任官の文官という意味である。武官以外の一般の官吏を文官という。武官とは下士官以上の軍人のことであり、兵とは区別される。文官は高等官と判任官に大別されそれぞれ官等があった。それに応じて高等官はさらに親任官、勅任官、奏任官に区分された。法務官の官等を含めて図示したものが〔2-5〕である。

常助は理事試補になった翌年の一九〇八年一二月二八日付で理事に任じられ、高等官八等の叙せられた。そして第十五師団法官部部員を命じられた。第十五師団の司令部所在地は豊橋である。常助の理事試補としての実務修習期間は一年と一か月余でしかなく、理事主理任用令第三条が定める一年半には満たなかった。しかし、先に言及した理事任用ニ関スル件の時限特例によって理事に任官することができた。こうした複雑な常助の任官歴とその任命根拠を表にまとめたのが〔2-6〕である。

〔2-5〕文官の分類と法務官の官等

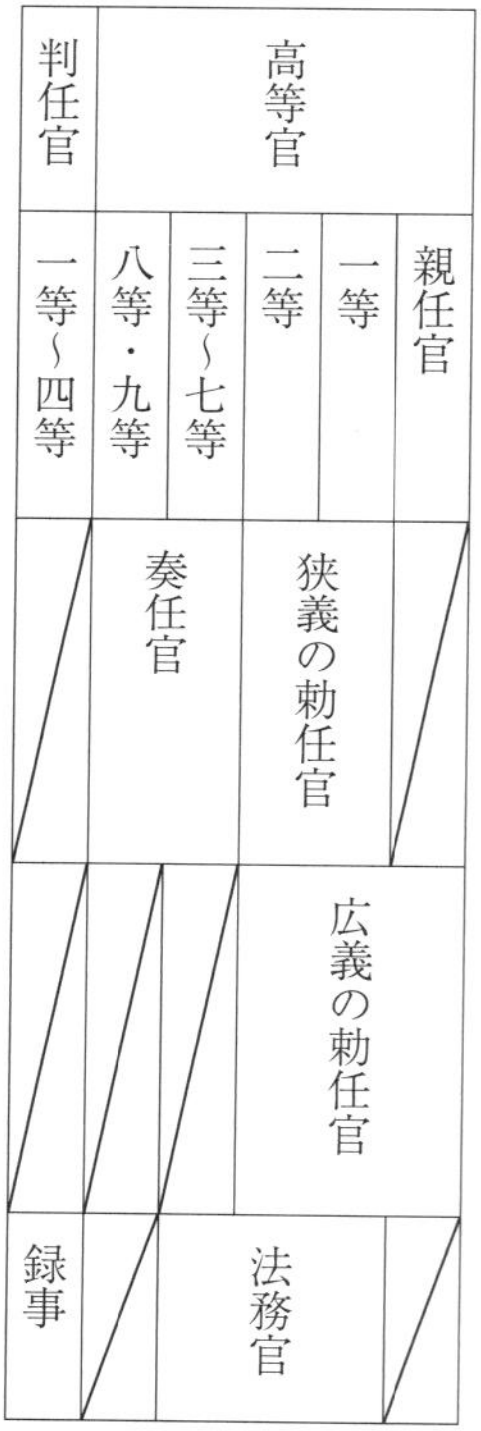

作成参照：伊藤・百瀬（1990：93）

〔2-6〕常助の任官歴とその任命根拠

年月日	官名	任命根拠
1907／7／10	司法官試補	裁判所構成法第65条第２項（「帝大特権」）
1907／11／14	理事試補	理事主理任用令第２条
1908／12／28	理事	理事主理任用令第１条・理事任用ニ関スル件（明治40年勅令２１９号）

筆者作成。

旭川第七師団へ

一九一三年六月一九日付で常助は第七師団法官部部員に異動する。第七師団の司令部所在地は旭川である。一八九六年五月一二日の第七師団創設当初、司令部は現在の札幌市に置かれていた。初代師団長には中将ではなく少将の永山武四郎が就いた。前日に改正された師団司令部条例（明治二九年勅令第二〇五号）の附則第一五条には、これを根拠づけるため「第七師団長ニハ当分ノ内少将ヲ以テ之ニ充ツルコトアルヘシ」と記された。この特例措置は一九一八年五月公布の師団司令部条例の改正（大正七年軍令第三号）で廃止される。

三年後の一八九九年に第七師団が正規師団に改編されるのにともない、師団拡張のための措置として札幌から現在の旭川市への師団移駐が決まる。約一八〇〇ヘクタール（東京ドーム約三八五個分）の広大な原野が切り開かれ、兵営地へと整えられる。その後一九〇二年に師団の旭川移駐が完了する。下記に掲げた「第七師団旭川衛戍地各部隊建物配置図」（〔2-7〕）によれば、常助が勤務していた司令部は配置図

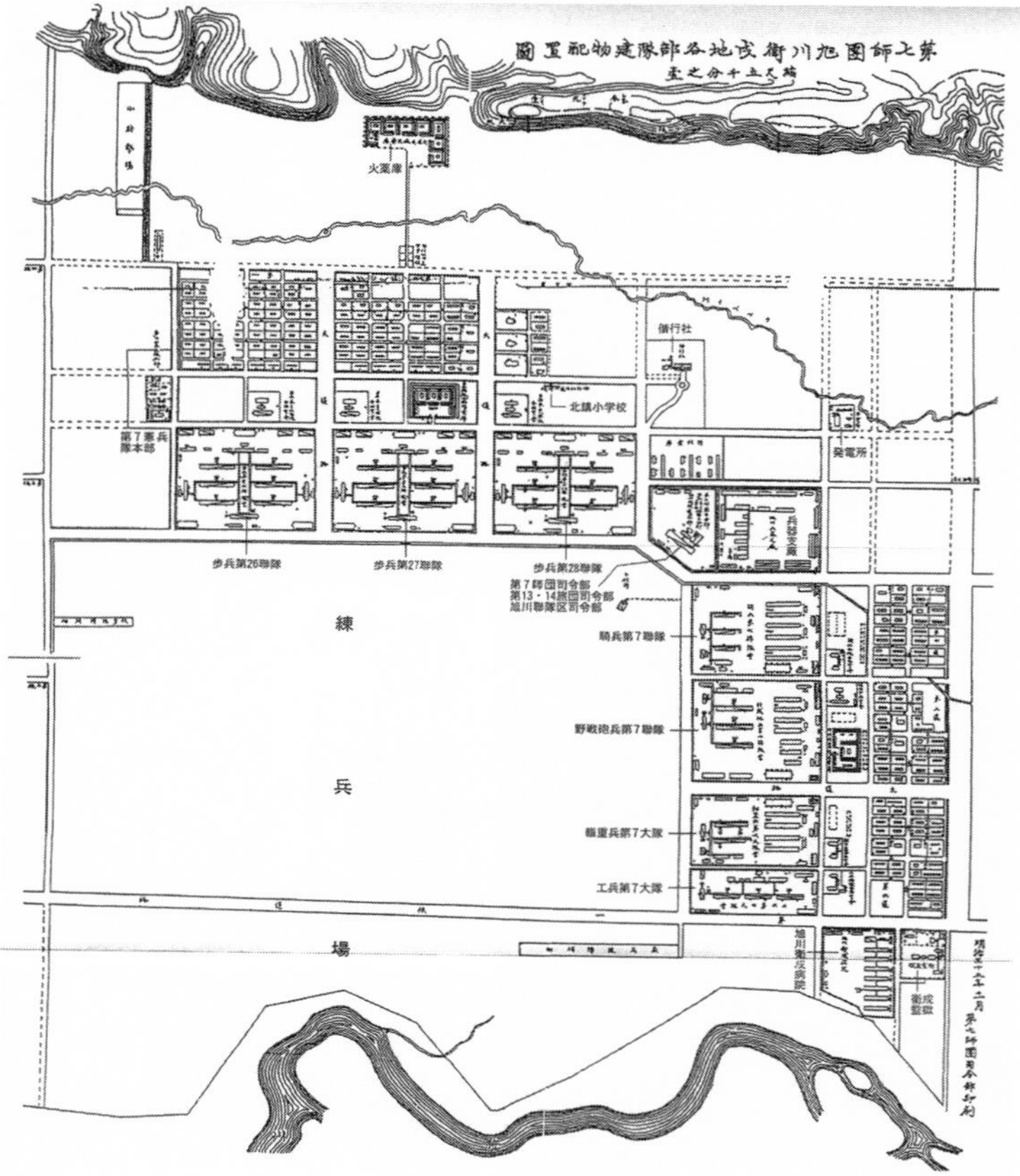

（北海道立図書館蔵）

〔2-7〕**第七師団旭川衛戍地各部隊建物配置図**
出典：旭川市史編集会議編（2006：283）。

〔2-8〕北鎮記念館に移設された第七師団の門柱
2022年3月29日・筆者撮影。奥に見えるのは兵器庫の屋根飾りである。

の真ん中やや右に確認できる。下に流れているのが石狩川である。旭川衛戍地は南北二・五㎞、東西二・四㎞（東京ドーム約一三〇個分）の広さを誇った。なお、衛戍《えいじゅ》とは旧陸軍の軍隊が一つの土地に永久的に駐屯することをいう。正規師団編成が完結した一九〇二年の兵員規模は九七二三人（札幌などに残された一部兵力を含む）に及んだ。直後の日露戦争には全兵力が動員され、二〇三高地攻略の主力となるなどで「精強兵団」と称された。ちなみに、第七師団の「七」は「しち」と読まれた。明治天皇が永山を初代第七師団長に任命した折り、「しち」と読んだためと伝えられる（二〇一五年一月二二日付『北海道新聞』）。陸軍には旅団以下の編成単位にも「七」と付番されたものがいくつもあったが、読み方はすべて「なな」であった。第七師団の門柱は北鎮記念館に移設されている（〔2-8〕）。

第七師団移転をきっかけに旭川は人口増加、馬車鉄道の開通、病院の開院、中学の開校、電話開通など急速な発展を遂げていた。市制施行は一九二二年である。常助が着任した一九一三年ころの旭川はそのさなかにあった。当時の第七師団長は第五代の林太一郎中将である。林は士官生徒（旧士）四期生で一八八一年一二月に歩兵少尉に任官する。陸軍大学校（陸大）は二期（一八八六年一二月卒）である。一九一一年に第七師団長に親補された。

堀木エリ子の祖父・英男を養子に迎える

常助は来旭直後の一九一三年七月七日に兄・忠太郎の四男である英男と養子縁組をする。英男は一九〇九年三月一〇日生まれなので当時満四歳である。子どもに恵まれなかった常助・ウタ夫婦は英男を養育することになる。また、前述のとおり二人が法律上の夫婦になるのは一九一三年一〇月一〇日である。そして、一九二八年四月一七日に常助・ウタ夫婦と英男は協議離縁をしている。英男が満一九歳になるまで育て上げたわけである。直後の四月二一日に常助は堀木家から分家する。英男との協議離縁と関係があるのであろうか。なお、英男の長男・雅昭の長女が和紙デザイナーとして国際的に活躍している堀木エリ子である（〔2-2〕参照／近影は〔2-9〕）。本人はそんなルーツは知らずに和紙の世界に入ったとのことだが、擬革紙を考案した堀木家のDNAを感じさせる。

〔2-9〕堀木エリ子氏と筆者との記念撮影
2022年10月1日・堀木エリ子＆アソシエイツ 御池ショールーム（京都）にて。奥に見えるのは糊を使わず立体的に漉き上げられた作品。

第３章　旭川第七師団勤務の日々——一九一六年の日記より

第１節　小樽出張から「獣の将校」まで

常助が使っていた五冊の手帳

常助が使っていた手帳五冊が遺されている（〔3-1〕）。これらのうち一番左の「ＮＯＴＥＢＯＯＫ」と印字されたものと中央上の「１０１」と左下に印字されたものは雑記帳ないし備忘録であり記載に日付もない。一方、残る三冊では右下が一九一六年、中央下が一九三四年、右上が一九三五年に記されたものである。これらには日ごとに出来事が簡略に日記として綴られている（〔3-2〕）。

一九一六年の書き込みは一月一日から九月二九日までである。これに基づき、のちに述べる第十一師団に異動する直前まで、常

〔3-1〕常助が使っていた5冊の手帳
注）数字は寸法（タテ（mm）×ヨコ（mm））。

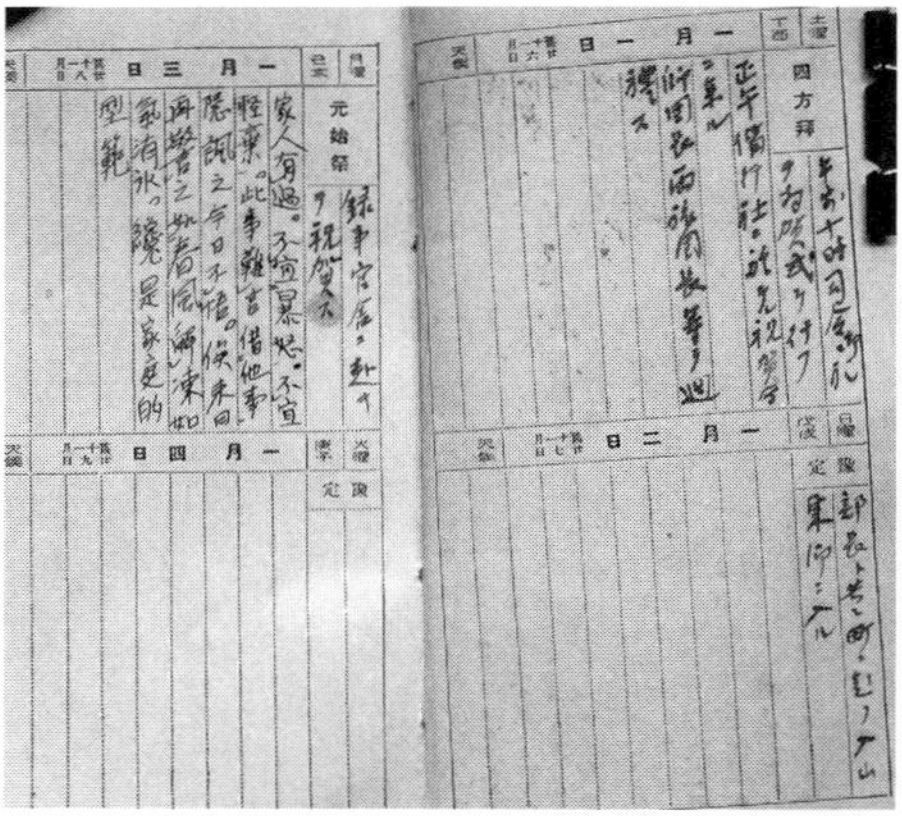

〔3-2〕常助の日記記載（1916年1月1日～ 1月3日）

助が旭川でいかなる日常を送っていたかを「解読」していくことにする。以下、日付のあとの文章は常助の記載を転写したものである。ただし読みやすさを考慮して濁点を補った箇所がある。旧字体は新字体に改めた。後述の一九三四年と一九三五年の手帳についても同じである。

正月三が日

一月一日（土）
午前十時司令部ニ於テ拝賀式ヲ行フ
正午偕行社ニ於ケル祝賀会ニ来ル
師団長旅団長等ヲ回礼ス

「偕行社」とは旭川偕行社のことで、第七師団の旭川移駐にあたって将校の社交場として設置された。上掲「第七師団旭川衛戍地配置図」（〔2-7〕）の右上に記されている。一九六八年に復原修理工事がされて、現在は旭川市彫刻美術館になっている（〔3-3〕）。

当時の第七師団長は第六代の宇都宮太郎中将である。宇都宮は士官生徒（旧士）七期生で一八八五年六月の卒業にあたり優等生として恩賜品を授与された。その後歩兵少尉に任官する。陸大は六期（一八九〇

〔3-3〕現在の旧旭川偕行社
（旭川市彫刻美術館）
2022年3月29日・筆者撮影。

年一二月卒）である。ここでも成績優秀で卒業時に「恩賜の軍刀」を授けられた。一九一六年八月に第四師団長へ転出し、一九一八年七月には朝鮮軍司令官となった。翌年一一月には陸軍大将に栄進している。

第七師団には歩兵第一三旅団司令部と歩兵第一四旅団司令部が置かれていたので、旅団長は二人いた。このとき前者の旅団長は橋口勇馬少将であり、後者は大村信行少将である。

一月二日（日）
部長ト共ニ町ニ赴ク入山東御ニ入ル

もちろん「部長」とは第七師団法官部長のことで、当時の法官部長は小林砂吉だった。小林は一八九六年七月に東京法学院（現・中央大学）邦語法学科を卒業している。同期にはやがて大審院長、さらに広田弘毅内閣で司法大臣になる林頼三郎がいた。小林も林も邦語法学科卒業生一六七人から選ばれた「優等者」三人のうちの一人だった。林は卒業生総代として答辞を読んでいる（東京法学院第十一回卒業式1896：63，65）。小林はその後近衛師団軍法会議法務官・近衛師団法務部長にまで累進した。

「東御」とは東御料地を指していよう。旭川中心部から南東郊外の美瑛川と忠別川にはさまれた台地が皇室御料地となっていた。現在の旭川市西神楽一帯を西御料地、上川郡東神楽町一帯を東御料地とよんだ。JR富良野線には「西御料」という駅がある。旭川空港は両方にまたがってつくられている。

一月三日（月）
録事官舎ニ赴キテ祝賀ス
家人有過。不宜暴怒。
不宜軽棄。此事難言借他事
隠諷之今日不悟。俟末日再警之如春風解凍如気消氷。纔是家庭的型範

録事とは軍法会議における書記官的な役割を果たしていた。「各軍法会議の長官に隷し書類の調製、送達等の事務を管掌し取調又は処分に立会ふの職責を有するものである」（日高 1938：37）。漫画にしてアニメ映画化（二〇一六）もされた『この世界の片隅に』で主人公・浦野すずは、一九四四年二月に北條周作と結婚する。周作は海軍の呉鎮守府軍法会議録事という設定になっている。映画ではすずが職場にいる周作に帳面を届けに行くシーンで、「呉鎮守府軍法会議」という看板と建物が映し出される（DVD開巻後58分45秒）。

続く漢文は、中国の明代末期に洪応明が著した処世訓の書として名高い『菜根譚』の一節である。書

き下し文を以下に掲げる。

家人、過《あやまち》あらば、宜《よろ》しく暴怒すべからず、宜しく軽棄すべからず。此の事言ひ難くば、他の事を借りて隠《いん》にこれを諷せよ。今日《こんにち》悟らざれば、来日《らいじつ》を俟《ま》ちて再びこれを警《いまし》めよ。春風の凍《こお》れるを解くが如く、和気の氷を消すが如くにして、纔《わずか》に是れ家庭的の型範なり。（今井訳注　1982：115）

年頭にあたりウタ、養子の英男と三人の家庭円満を念じたのであろうか。

小樽出張

四日（火）、五日（水）、六日（木）と記載はなく、七日（金）になって小樽出張のことが書かれている。

一月七日（金）
出張
夜十一時半の汽車て小樽に行つた〔略〕
一月八日（土）
出張
小樽に着いたがまだ夜が明けぬ〔略〕湯に行つて飯を食うて警察に行つたら当日は撃剣大会の日であ

つた自分等は用を済ましてオ《ママ》判所に行つた平井検事に遇つた松島判事などにも遇つた

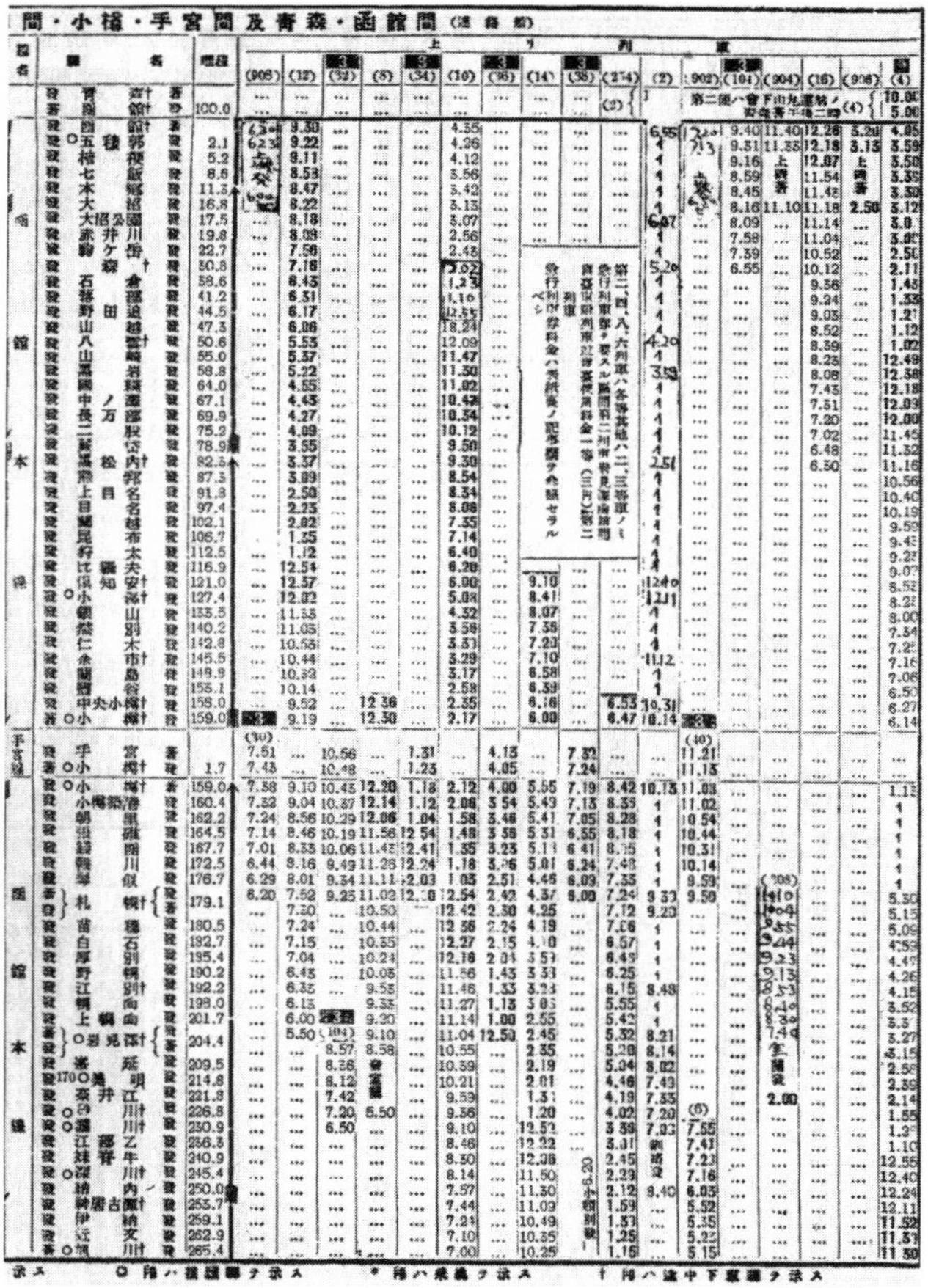

〔3-4〕1915年の函館線の時刻表（上り）
出典：鉄道院運輸局（1915：46）。
細字は午前、太字は午後を示している。

当時の時刻表（〔3-4〕）によれば、旭川二三時三〇分発の上り列車がある（太文字の時刻が午後である）。小樽着は翌日の六時一三分である（時刻表には小樽着「1.13」とあるが「6.13」の誤植である）。一九一六年元日の小樽の日の出時刻は7時8分3秒なので、当然「まだ夜か明けぬ」はずである。

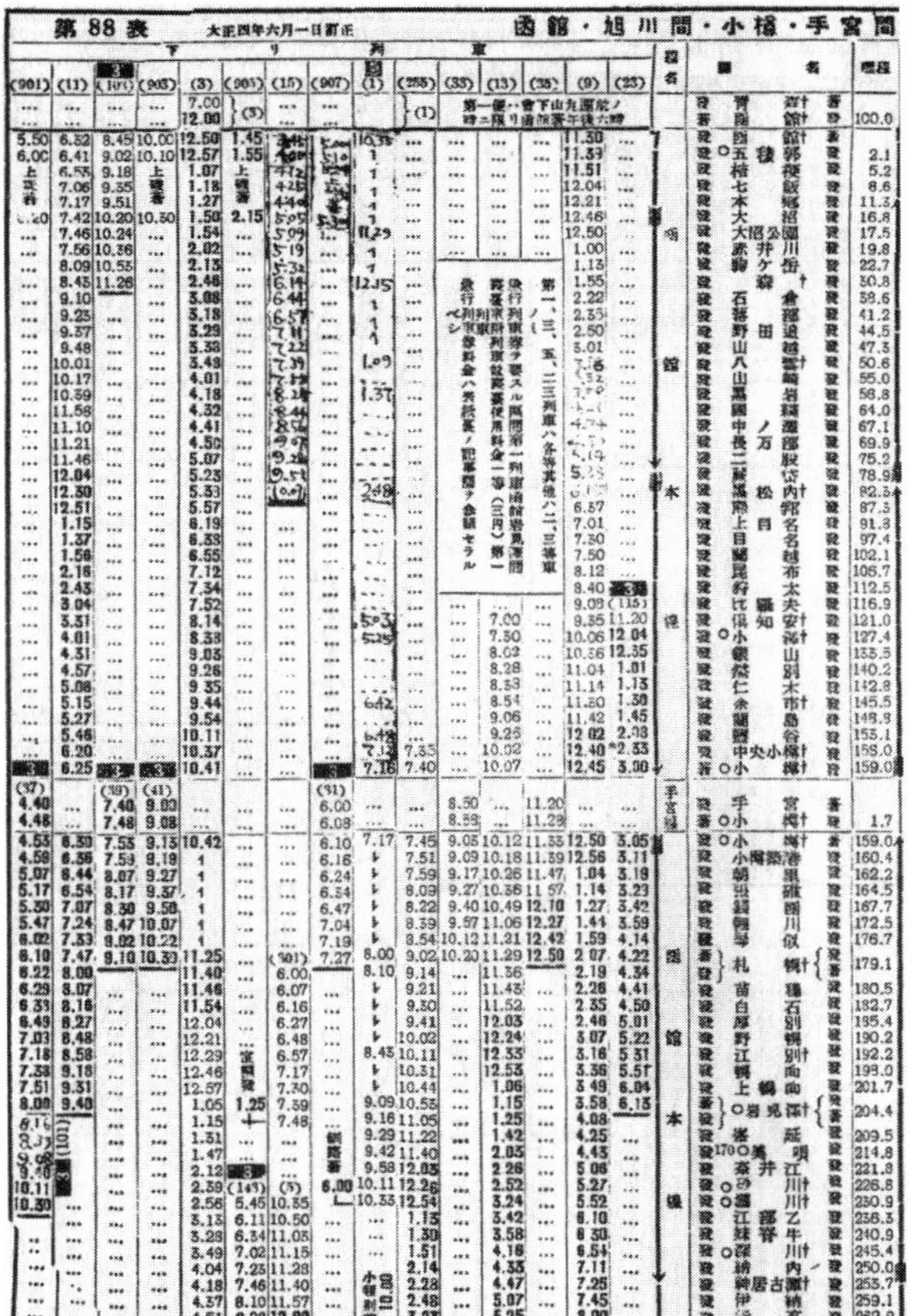

〔3-4〕1915年の函館線の時刻表（下り）
出典：鉄道院運輸局（1915：46）。

八日は土曜日だったので警察の剣道大会の日に当たっていたのであろう。続く裁判所についての記述の行間を検討してみる。小樽には小樽区裁判所が置かれていた。そこに赴いて「平井検事」、次いで、「松島判事」と面会した。『職員録　大正五年甲』から、「平井検事」は平井彦三郎小樽区裁判所検事（のちに大審院検事）、「松島判事」は松島重隆判事であると判明する。

区裁判所とは戦後の簡易裁判所にほぼ相当する。戦前は大審院―控訴院―地方裁判所―区裁判所の四級三審制であった。家庭裁判所はなかった。一方で、「裁判所検事」という肩書きに違和感を覚えるかもしれない。一八九〇年に制定された裁判所構成法に基づき、検事局は各級裁判所に付置された。裁判所職員の人事をはじめとする司法行政権は裁判所にはなく、行政官庁である司法省がこの権限を掌握していた。従って、裁判官と検察官の人事は一体化していた。いまでいう「判検交流」、すなわち裁判官が検察官に転官する、あるいはその逆の人事は、裁判所構成法の下では一般的であった。前出の松島も小樽区裁判所判事に一九一四年六月に就く以前には、千葉地方裁判所検事を一年余り務めていた。

この裁判所構成法が定める裁判官の官名、つまり種類は判事のみであった。ゆえに常助が「松島判事」と記したのは正しい。職名としては「松島小樽区裁判所判事」である。日本国憲法施行と同日に、裁判所構成法は裁判所法へと改正され、これにともない裁判官の官名は、最高裁判所長官、最高裁判所判事、高等裁判所長官、判事、判事補、簡易裁判所判事の六つになった。なので簡易裁判所に判事は存在しない。勤務している裁判官は簡易裁判所判事である。常助の表記を現在に当てはめれば「松島簡易裁判所判事」に、職名は「松島小樽簡易裁判所判事」になる。ちなみに、簡裁判事には一定の勤務経験年数を有する裁判所事務官など法曹資格をもたない者でも任命されうる（裁判所法第四四条・第四五条）。

札幌憲兵隊に立ち寄る

常助の日記に戻ろう。

一月八日（土）〈続き〉
帰りに録事と大会に着く□け□た署長は中々剣道の趣味を持ち話しも気に乗って来たが自分は分らぬ署長は目鏡を掛けてゐる、自分もこれまで近眼だつた為剣道を遣る気にならなかつたが、軍隊に職を奉ずる以上はこの道を少しでも稽古する必要は確かにある、急に剣道も遣る気になった。
札幌に来て憲兵隊で用事を済ました、洞内曹長、河原崎軍曹が宴を開いて来れた、それから洞内君の案内で狸小路の魔窟を見物した

常助は裁判所の帰りに出張に同行した録事といっしょに、同日開かれていた撃剣大会を観戦した。そこで署長に感化されて剣道を俄然やる気になっている。当時の小樽警察署長は飯田誠一警視である。その後札幌に向かう。小樽一二時五〇分発→札幌一四時七分着と小樽一五時一〇分→札幌一六時二二分着の下り列車があった（3-4）。裁判所で案件を片づけた上に撃剣大会まで見学したのだから、後者に乗車したのではないかと推測する。憲兵隊の「洞内曹長、河原崎軍曹」とは洞内己之助憲兵曹長、河原崎保昌憲

兵軍曹のことである。

軍隊の警察制度が憲兵制度であり、憲兵は軍隊内部の規律維持と犯罪摘発を主要な役割としていた。言い換えれば、彼らは陸軍大臣または海軍大臣の指揮下にある軍事警察権を執行できる軍人だった。憲兵要員としては下士官・兵（当時は下士・兵卒）にあっては部隊内の優秀な者が選ばれた。洞内や河原崎もその該当者かもしれない。憲兵関係の軍人を中心として憲兵隊が組織された。憲兵隊は内地師団司令部所在地ごとに一隊が置かれていた。当時すでに第七師団司令部は札幌から旭川へ移駐していた。憲兵隊も一九〇一年に旭川に移転している。各憲兵隊管区はいくつかの憲兵警察区に分けられ、警察区ごとに憲兵分隊が置かれた（一八九八年改正憲兵条例（明治三一年勅令第三三七号）第六条・第七条）。第七師管には旭川、札幌、函館に憲兵分隊が置かれていた。よって、常助が書いている憲兵隊とは札幌憲兵分隊を指している。

二人の憲兵が理事の常助らのために宴席を設けてくれたという。とはいえ一般的には、のちの法務官と憲兵の関係は検事と警察のそれに似て微妙だったようだ。

剣道を習いはじめる

一月一一日（水）
北鎮学校の雨天体操場で寒稽古を初□るとのことであつた見に行つた竹刀の打合ふ声は何んとも云へぬ勇壮な気がした龍撓虎狗ともいへぬが確かに懦夫として起たしむ様な気がする自分も大にそ、のかされて仕まつた

一月一二日（木）
撃剣の愈し稽古をすることに決心して先づ基本、切返、など種々教つたが、言うと行ふとは大変な違いだ、到ても思う様には体が動かぬ、自分は言ふに言はれぬ感じがした責めて筋道丈でもよいから覚えたいものだと思つた

一〇日に出張から帰った常助は翌日の寒稽古を見学にいき「懦夫」の自分でも「大にそ、のかされて」、さらにその翌日から剣道を習いはじめる。そして「思う様には体か動かぬ」などと感想をメモしている。

一月一四日（金）
証人二名訊問ノコト
団隊長会議午前十時ヨリ開カル
自傷図免役
失官下士放任ノ件
一月一五日（土）
将校婦人会旭川偕行社ニアリ
渋橋等ヲ訊問スルコト

上述のとおり、第七師団の兵員規模は九〇〇〇人を優に超えていた。犯罪の発生は避けられない。両日ともに証人あるいは被疑者らしき人物への訊問が行われている。

一四日の「団隊長会議」で議論された「自傷図免役」とは、自傷行為によって兵役を免れようと図った件だと考えられる。兵役逃れといえば、夏目漱石がそのために本籍を東京から北海道岩内町に移したことがよく知られている。一八九二年のことである。当時北海道では、一八七三年制定の徴兵令は函館周辺の一部地域にしか適用されていなかった。北海道全域に徴兵令が施行されるのは一八九八年一月以降である。漱石の兄が配慮して本人に無断で転籍したとの説もある。ともあれ、兵役の義務が課せられれば、必然的にあらゆる手段を講じてそれを忌避しようとする者が出てくる。歴史学者の大江志乃夫は「たばこのやにを目にすりこんでトラホームを作為し、徴兵不合格に成功した」という伝え聞いた話を書いている（大江 1981：110）。実際に徴兵検査を経て陸軍に入隊した評論家の山本七平は、軍隊内で知った「失敗例」を紹介している。

「アルミの弁当箱を油トイシですりおろして、その汁を、徴兵検査の朝、鎖骨と肩の間のくぼみにすりこむ」「検査の前々日にツベリクリンの注射をしてその朝にナマズの生血を飲む」（山本七平 1983：27）。

「下士」は一九三一年以降は下士官とよばれる。曹長・軍曹・伍長の総称である。「旭川偕行社」の現在の写真は〔3-3〕に掲げた。

国土地理院の前身・陸地測量部

一月二六日（水）
午后の五時から偕行社に師団参謀長から少将に栄進して中央陸地測量部長に栄進した矢野目閣下の送別会が開かれて出席した

「矢野目閣下」とは矢野目孫一第七師団参謀長を指している。矢野目は陸軍士官学校（陸士）二期生で一八九一年七月に同校を優等生として卒業してのち、工兵少尉に任官する。その後、陸軍砲工学校高等科（四期）を「優等」で卒業し、陸大を卒業した（一四期：一九〇〇年一二月卒）エリート軍人であった。一九一〇年一一月に工兵大佐となり、一九一三年八月に第七師団参謀長として旭川に赴任した。その矢野目が一九一六年一月二一日付で少将に進級し陸地測量部長に栄転することになった。同年二月四日には測地学委員会委員を命じられている。

『官報』上、矢野目の栄転の発令日は一月二一日である。だが、常助の日記の一月三〇日（日）に「矢野目閣下が午后五時の汽車で出発するので停車場に送りに行った」と書かれている。矢野目は実際には一月末まで旭川にいたことがわかる。ただ、時刻表では旭川一七時一五分発の上り列車はあるが、これは滝川止まりである。次は二三時三〇分発までない（3-4）。この列車は函館行きで函館に翌日一六時五分に着く。一七時発の青函連絡船に乗り継ぐと二二時に青森に入港する。「午后五時」は誤記を疑う。このとき矢野目は「師団長閣下の所で大分酒を呑まれたので上気嫌で自分と握手までせられた」という。矢野目が待ち時間をもてあまして、宇都宮師団長の居宅で酒を飲み過ぎたとも考えられる。

ところで、陸地測量部は一八八八年五月に公布された陸地測量部条例（明治二一年勅令第二五号）に基づき、陸軍参謀本部に設置された。それまでの参謀本部の一局だった測量局が分離し、本部長直属（第四条）の独立官庁へと格上げされた。なお、参謀本部長が参謀総長に改称されるのは翌一八八九年三月である（明治二二年勅令第二五号）。陸地測量部は陸地の測量、軍用地図その他地図の製作・修正を担った。北海道の地形測図が完了して、内地の基本図測量が終わったのは一九二四年のことであった。翌年に基本地図の印刷刊行が完了し、縮尺五万分の一による全国の基本図作成の大事業が成し遂げられた。次に陸地測量部はいわゆる外邦図の作製に注力していく。朝鮮・台湾・樺太・満州（中国東北部）をはじめアジア太平洋地域について日本が作製した地図を外邦図という。

陸地測量部長には条例制定当初は「各兵科大佐」が就くものとされた（第三条）が、一八九六年五月に第三条が改正され（明治二九年勅令第二〇三号）「少将或各兵科大佐」に就任階級が広がった。実際には大正期以降少将が就いていた。矢野目は一九一九年七月に中将に進級して東京湾要塞司令官になる。矢野目の次の次に陸地測量部長に就いたのが、のちに満州電信電話株式会社（ＭＴＴ）の総裁となる山内《やまのうち》静夫少将である（第7章第2節参照）。

このように、地図づくりと戦争は強く結びついていた。それゆえアジア太平洋戦争が開始される一九四一年に、一部の特殊図以外の地図が全面的に販売中止となったことはむしろ当然であろう。現代でも元幹部自衛官は「外国では、日本のような精密な地形図は市販されていない。〔略〕この点でも、「我が国は安全保障感覚が世界とは違う」と憂慮する（中村 2009：183）。私は「安全保障」の名の下に出版の自由が抑圧される事態に陥ることを憂慮する。

戦後は陸軍が解体されたことにともない、陸地測量部も廃止された。それに代わって、一九四五年九月に内務省附属機関として地理調査所が設立された。一九四八年一月に内務省が解体され総理庁の一部局として建設院が設置されると、地理調査所は建設院の附属機関となった。同年七月に建設院は建設省へと昇格したため、地理調査所は建設省の附属機関へと移行した。地理調査所が国土地理院と改称されたのは一九六〇年七月のことである。現在は国交省の「特別の機関」と位置づけられている。ちなみに、日本学術会議は内閣府の「特別の機関」である。いまや政府は、日本学術会議が言うことを聞かなければ「国とは別の法人格を有する独立した組織とする」とまで威嚇している（内閣府「日本学術会議の在り方についての方針」二〇二二年一二月六日公表）。

剣道に魅せられた「大酒家」

一月二六日（水）〈続き〉

大酒家で名を得たる自分も寒稽古をやつておるので控目にして七時半に道場たる北鎮校の雨中運動場へ来たら皆終つた後であつたが自分と同様に後れて来た下士と一稽古付けると三四分て息が上がつて終□た

〔3-5〕現在の北鎮小学校
2022年3月29日・筆者撮影。

　この頃、常助ははじめたばかりの剣道に熱心で、矢野目の送別会に出席しても酒量を抑えて稽古に備えている。二月一日（火）には「須藤といふ撃剣の先生が道場で稽古付けをするので自分一稽古を願つた」と書いている。二月一三日（日）には「警察署に撃剣大会があた《ママ》が〈略〉時間の都合で行けなかつた実に残念であつた」と、剣道への入れ込みぶりがうかがわれる。

　「北鎮校」あるいは「北鎮学校」（一月一一日条）とは、偕行社から道をはさんで左にあった「北鎮小学校」（正式には北鎮尋常高等小学校）のことだと思われる（〔2-7〕）。第七師団の別名は「北鎮部隊」であり、「北鎮」とは北方すなわちロシアの脅威から自らを護ることを意味した。同校は偕行社に付属する私立北鎮尋常高等小学校として一九〇一年四月に設立され、師団将校の子どもたちの教育機関であった。一九一一年四月に公〈町〉立に移管される。ただし、以降も偕行社から経費への寄付がなされ、入学児童は衛戍地内に住む軍人・軍属の子どもたちに制限された。現在に至るも北鎮小学校は存続している（〔3-5〕）。法務官も軍属であるから、養子の英男も北鎮小学校に通ったはずである。

　また、「大酒家で名を得たる」とあるので、常助がアルコールにはめっぽう強かったことは間違いあるまい。二月五日（土）には「五合平げた吾れながら酒量の向上したのに驚いた」と記したのち、「勉強する積りでおると何時も酒の為めに計画が画餅に帰してしもう何時から酒を止めることが出来やうかしら」と反省している。ところが、二月八日（火）にも風呂上がりに「五合を平げた」と白状しているのが可笑しい。

常助は一九三五年二月二五日に満州で死去する。それを報じた二月二八日付『旭川新聞』夕刊は、常助を「斗酒なほ辞せずといつた愛飲家」と紹介している。おそらくそれが原因で発症した糖尿病も常助の死を早めることになる。

先述の二月一日条には続けて「判士長として居た石川少佐を送りに停車場に行つた」と書かれている。当時はまだ陸会の施行前であり、陸軍治罪法に基づいて軍法会議が行われていた。裁判官は判士長一人と判士四人によって構成された。陸軍治罪法（明治二一年法律第二号）第一〇条には「軍法会議ハ判士長判士理事若クハ理事試補及ヒ録事ヲ以テ構成ス」と定められていたが、理事の常助は法廷の席に座ることはなかった。「石川少佐」とは参謀部参謀の石川漣平砲兵少佐のことである。その後石川は銃砲兵学校長を二度にわたり務め中将に進級し、最後のポストは砲工学校長であった。

二月三日（木）九時頃から「公判会議」に出ている。語学に熱心に取り組んでおり、二月七日（月）には「午後七時ヨリ十時迄刑事政策翻訳」にいそしみ、翌日は「独逸語、仏語、英語ノ練習」に励んでいる。二月一〇日（木）には「役所にて菜根譚を読む面白し」と感想が記されている。職場で読書ができたのか。おおらかな時代だったようだ。

「獣の将校」

二月一四日（月）

〔略〕夜獣イ正ノ小林さんを□出た所酒が出た予備ニなるといふので荷物が門に〔書き終わらず「二月十五日」の欄に続いている〕積んで出ておる家の内は大混雑てあつたが二三の獣の将校と呑むで《ママ》おらるし自分は直ぐ返る積りなのがだんと遅くなつて大分酔つた、すると副官から電報の写が来た主人は之を見て稍《やや》うなだれた気の毒だつた松原大尉が来た暫して一所に帰つた

「獣イ正」とは「獣医正」であり、「小林さん」は小林駒太郎第七師団獣医部長陸軍二等獣医正を指している。二等獣医正は中佐に相当する。なぜこの日に小林獣医部長宅で宴会が開かれていたか。のちに述べるように、それは小林がこの日付で退職し旭川を離れることになったからである。「予備ニなる」すなわち予備役に入る、つまりは退職を意味する。「電報の写」には小林の免職と待命が記されていたに相違ない。「副官」がだれであるかは書いていない。師団司令部の副官部には四人の副官がいた。遅れて現れた「松原大尉」とは歩兵第十四旅団司令部の副官だった松原顯雄歩兵大尉のことであろう。

加えて、「獣の将校」とはおもしろい表現である。獣医部の将校相当官のことを俗にこうよんでいたと考えられる。陸軍は大きくは兵科と各部に分かれていた。兵科には歩兵・騎兵・砲兵・工兵・輜重《しちょう》兵・憲兵、そして一九二五年に新設された航空兵の七兵科があり、各部は経理部・衛生部・獣医部・軍楽部（の

ちに技術部・法務部が加わる）であった。将校は兵科のみの存在であり、各部であれば将校相当官と称した。陸軍の場合、この区別は一九三七年二月に「全皇軍の精神的融和団結を図るため」（一九三七年二月一一日付『東京朝日新聞』）廃止され、呼称は将校に統一される。

この「相当官」を念頭に、まだ若手の衆議院議員であった田中角栄は旧大蔵省の強い反対を押し切って道路特定財源を実現させた。角栄は兵役中に将校とは別に将校相当官という軍人がいることを身近に意識したのである。ただ、角栄が徴兵検査で甲種合格となり入営するのは一九三九年三月である。将校相当官の呼称は公式には消えていた。しかし現場では依然として通用していたということか。ともあれ、大蔵省は税収の使途を拘束される目的税を極度にいやがる。角栄の当初案は揮発油税（ガソリン税）収入を道路整備の財源などに充てるとしていた。これを「揮発油税収入相当額以上」と改めることで、大蔵省を説得した。揮発油税収入を必ず道路整備に使うとは定めていないので目的税には当たらない。ただ、税目は問わないが「揮発油税収入相当額以上」は道路に用いよというわけである。

「獣の将校」に話を戻すと、このときは部長である小林のほか部員として長沼泉治二等獣医（中尉に相当）がいた。さらに将校相当官ではないが書記として下山嘉一一等蹄鉄工長が配属されていた。一等蹄鉄工長は下士官最上位の曹長に相当する。

獣医部は陸軍が大量に必要とした軍馬・軍犬の医療を支えた。日露戦争には約一七万二〇〇〇頭もの軍馬が動員された。その後、日中戦争から敗戦まで（一九三七～一九四五）をあわせると実に五〇～六〇万頭が動員されたとみられる。これがいかに大量の頭数だったかは、戦前の国内馬数が約一五〇万頭であったことからわかる（大瀧 2016：33）。この頭数はそのまま「獣の将校」の陸軍内での存在感と発言力につながったはずである。

第2節　将校相当官と同じ「軍服」を着用して

住み込みの家事使用人

二月一五日（火）
十五日ハ寒稽があつて
撃剣したとみは風呂などわかして□もゐた所へとみの兄が鷲山病院で死んだとて兄の嫁が富を連れに来た丁度□おさんが家内の病気を見に来たから酒を呑むだ部長さんに電話がかゝつてとみは仕度をして出て行つた兄の死を聞いたときとみは泣いてゐたどんな感じがしたゞろか

「とみ」「富」とは常助が雇っていた家事などをこなす住み込みの年老いた女性、いわゆる「ばあや」ではなかろうか。後述する二月二九日条に「とみの婆々が来て居たとも角油断のならぬ様に見えるので妻に注意した」と出てくる。

戦前にあっては、炊事・洗濯・掃除などの家事を家庭電化製品なしでこなさなければならなかった。

そのため中流家庭であれば「ばあや」や「女中」「ねえや」を雇うことはありふれた光景であった。たとえば、山田洋次監督の映画『小さいおうち』（二〇一四）をみると、「女中」タキ役を黒木華が楚々として演じている。時代設定は一九三六年である。

「鷲山病院」とは鷲山医院を指していよう。同医院は鷲山英一を院長として一九一二年に旭川で開業している。診療科目は産婦人科と外科である。死亡したのは兄であるから不慮の事故だったのではないか。「家内の病気」とある。この年の手帳ではじめて妻のウタについて記されている。見舞い客と「酒を呑むだ」というのが酒好きの常助らしい。

小林獣医部長を見送る

二月一七日（木）

是れまで第七師団獣医部長として時めかしておつた小林さんが郷里に帰つて行くので三時半頃から部長ト共に司令部を出た発車時間に間があるので丸井洋物店に行つた這つて陳列品を観た店員がピヤノを弾じておつた停車場へ行つたが獣医が二名計りより居なかつた小林さんは二十分計りして来た汽車に乗つた大分酒気を帯ビテ居ル様デあつた遂ニ汽車は車掌の吹く呼笛の相合図て動き出した奥様さんは泪ぐんで汽車が動いてから暫く窓から顔を出しておられた、見送りに来てゐた若い奥様達も皆メソメソと泣いてゐた

「小林さん」は前記の小林駒太郎第七師団獣医部長である。先に記した矢野目参謀長と同じく、小林も旭川二三時三〇分発の上り列車に乗ったとみられる。青函連絡船に乗り継いで翌日二二時に青森に着くこともすでに述べた。常助は小林について「大分酒気を帯ビテ居ル様デあつた」と書いている。これも矢野目と同様に、夜遅い発車時刻まで飲んで時間をつぶしていたためなのであろう。

二月一五日付『官報』には、小林が二月一四日付で「免本職待命被仰付」と出ている。「被仰付」は「おおせつけられ」と読む。「本職」を解かれて「待命」をおおせつけられた。「待命」は現役の職を退いて、予備役・後備役に服すべきか現役に復帰すべきかの命令を待っている状態のことである。「郷里に帰って行く」とあるので当然前者の命令が追って発せられたはずである。代わって、同日付で大澤熊次郎陸軍三等獣医正が第七師団獣医部長として着任した。

二月一八日（金）
十八日浦邊橋本などを引出して
稽古す心地よろし
法律評論ヲ読ム
二時より目ざめ四時迠
少年世界を返すことにス

「浦邊橋本」とは浦邉清一郎録事と橋本文四郎録事を指している。法官部での常助の部下である。常助は彼らを相手に剣道の稽古をした。とりわけこの頃の稽古相手は浦邉録事であったようである。二月二一日（月）、二三日（水）、二五日（金）の各条に「浦邊録事」と「撃剣」が関連付けて記されている。『法律評論』は一九一二年四月創刊で一九四四年三月終刊の法律・法務雑誌である。『少年世界』は一八九五年一月創刊の少年向けの総合雑誌である。多彩な紙面構成を誇った人気月刊誌だった。終刊は一九三四年一月である。常助は貸本屋から借りていたのかもしれない。

衛戍病院とは

二月一九日（土）
ニ時頃から野館、植村君と学校に行つて稽古した野館と手合せした随分無法ニ右腕を打ち痛かつた夜六時半頃から小山君が転任なので愚妻を伴ふて尋ねた所が小山君は留守であつた直ぐ帰る積りであつたが婆那さん酒を出して大に遇なすのでした、か酔ふた誠に小山君にはすまなかつた十一時頃までくだ巻いてゐた婆那は実に面白かつた

「野舘」は獣医部部員の野舘吉次一等獣医（大尉に相当）であり、「植村」は軍医部部員の植村秀一二等軍医（中尉に相当）である。常助は法官部の部下に加えて、各部の将校相当官も稽古相手にしていた。

その夕刻に常助はウタをともなって「小山君」を訪ねている。「小山君」とは旭川衛戍病院の病院附の

小山昌三郎二等主計のことに違いない。主計とは各部の経理部の将校相当官に付けられた呼称であり、二等主計は兵科の中尉に相当した。二等主計は各師団の経理部のみならず、師団司令部所在地の衛戍病院にも病院附として一人が配属されていた。「婆那」から小山も「ばあや」を雇っていたと推察される。

衛戍病院とは「旧陸軍の衛戍地に設置され、その地域の陸軍部隊の患者の治療、衛生材料の保管、供給、衛生部下士の教育などを行なった所」(『日本国語大辞典』)である。第七師団の衛戍病院としては、まず一八九六年に札幌衛戍病院(現・独立行政法人国立病院機構北海道がんセンター)が開院した。旭川衛戍病院は一九〇一年創設である。〔2-7〕には右下の川沿いに記されている。戦後は厚生省に移管され国立旭川病院となり、その後一九五三年に結核療養所として国立療養所旭川病院に転換される。それが一九七二年に国立旭川療養所と統合され、国立療養所道北病院が発足する。二〇〇四年には独立行政法人国立病院機構道北病院に移行し、さらに二〇一〇年に独立行政法人国立病院機構旭川医療センターに改称して現在に至っている。このほか函館衛戍病院があった。

遡って、二月一一日(金)に「小山主計結婚披露宴」と書かれているから、新婚早々の転任だった。小山は第八師団(司令部所在地・弘前)経理部部員に異動した。常助は披露宴の「同夜院長の宅に行き一杯呑むだ」とのことである。やはりアルコールには目がなかったようだ。

旭川衛戍病院長は稲垣眞二等軍医正だった。二等軍医正は兵科の中佐に当たる。師団司令部所在地の衛戍病院長にはたいてい二等軍医正が就いていた。例外は第一師団の東京第一衛戍病院長と第四師団の大阪衛戍病院長で、これらには一等軍医正が充てられていた。

各部の将校相当官との親交

二月二〇日（日）

新年に於ける賀状を調べ名簿に書上げておいた

夜松倉さんが来られた種々と出鱈目の話をして大分解つた松倉さんの妹さんの嫁入にかないか□と頼まれた□□□藤井君を推薦したら明日書面を出して見ると云ふておいた

二月二一日（月）

浦邉録事が撃剣の道具を負ふて出て来たそれで自分も竹刀を持つて一所に学校に行つた橋本はこなかつた自分は只運動ノ為にしておる丈けで上手にならうと思うて遣つておるのではない湯に這入つて酒を呑んで寝た実に心得がよかつた此日藤井君の所に手紙を出した

「松倉さん」とは旭川憲兵隊長の松倉清次郎憲兵少佐のことではないか。「藤井君」は第一師団法官部にいた藤井全之理事を指すと思われる。松倉の妹の縁談の相手に常助が藤井を推して、翌日その旨の手紙を藤井に送ったのであろう。この縁談の成否はわからないが、藤井は陸会施行とともに陸軍高等軍法会議法務官に補される。二一日の剣道の稽古の相手は浦邉録事だけだった。

二月二二日（火）

〔略〕

役所から帰るととみは帰へつて居つた晩御飯後死んだ太吉の話をしたら亡霊が出るといふて一寸暗い所へ行くのも恐ろしがつてゐたそれで昔話などをしてから寝に就いた

「ばあや」のとみが「帰へつて居つた」とは、一五日に死亡した兄の葬儀などで実家に戻っていたとみが常助宅に帰ってきていたという意味に読める。そして兄の名前は太吉なのだ。

二月二三日（水）

二十三日浦邊が来て稽古に行つた植村の御大は来なかた《ママ》夜六時頃かの小山夫妻が遣つて来た取りとめもないことを話した□□は□□を取り持つて呉レとのことだと小山が話したそんなことで十一時頃迠過した

「植村の御大」とは前出の植村秀一二等軍医のことである。「小山夫妻」は同じく前出の小山昌三郎二等主計夫妻である。一九日に常助夫妻が小山宅を訪ねた折は留守だった。この日転任のあいさつに小山夫妻がやってきたようだ。

二月二五日（金）

役所から帰ると梅原が来てつまらぬ掛物を持つて来た独話といふ新画を持つて来た（略）とみの横着なる妻が使方の下手なことを云ふて聞かしたら二人共泣いた何でもとみの□□は□□が安いからとかいふ事であつたがとみの心掛けがよいのでほめておいた。

「梅原」はだれかわからなかったが、常助は軸物・骨董を集めるのを趣味としていた。とみの仕事ぶりをウタがとがめて、常助がウタの「使方」にも問題があると間に入ったようだ。「中流階級の家庭において女中を雇い入れ、それをしつけて使っていくのは主婦の役割」だったのである（清水２００４：27）。

このようにみてくると、常助の交友範囲は兵科の将校には及ばず各部の将校相当官と法官部の部下に限られていたことがわかる。理事は軍人ではなく軍属である。兵科の将校とは付き合いにくかった、あるいは兵科の将校は軍属たる理事を相手にしたがらなかったのかもしれない。こうした意識を傍証するものとして服装がある。理事理事試補及陸軍監獄長服制中改正ノ件（明治四五年勅令第一二号）に「軍服」（理事らは軍属なので正確には軍服類似の制服）の規定がある。「陸軍服制中同官等ノ将校相当官（略）ノ軍帽、軍衣、長袴短袴、夏衣及夏長袴夏短袴ニ同シ但シ定色絨又ハ緋絨ハ白絨トス」。つまり理事は将校相当官と同じ「軍服」

〔3-6〕「帽子も襟も白い軍服」を着用した常助
満州在勤時代に撮影されたもの。

を着用していた。外套も同様である。色だけが違っていて白だった。

陸会施行で理事が陸軍法務官に移行したのちも、彼らは「帽子も襟も白い軍服」を着用していた（〔3-6〕参照）。上記の小川関治郎陸軍法務官の三女・長森光代は子どもの頃、軍人とは異なる父の服装に屈折した思いを抱いたと吐露している（美和町　1999：75）。「〔白絨は〕武官と一緒にいると目につく。黒を定色とする憲兵が容疑者を逮捕してくると、白の定色の法官が白と判定してやろうという気持を見せたところか」との指摘もある（本田　1972：264）。

現在とは意味が異なる「北海道庁」

二月二六日（土）
小山主計の送別會があつた衞戍病院の診察室に於て催された部長と一所に行つた途中久世参謀長が役所から帰るのに遇ふたもう四時半過てあつたのに中の勉強家であると思うた

衛戍病院附の小山昌三郎二等主計の送別会がこの日行われた。小山が旭川を去って弘前に向かうのは二月二九日（火）である。一方、「久世参謀長」とは第七師団参謀長の久世為次郎歩兵大佐のことを指す。久世は陸士五期生で一八九四年七月に同校を優等生として卒業し、同年九月に歩兵少尉に任官する。陸大は一四期なので先述の矢野目と同期になる。一九一四年八月に大佐となり、一九一六年一月二一日付で矢野目の後任として第七師団参謀長に就いている。着任してまだ一か月の久世が土曜日の夕方まで勤務していたのを、常助は「勉強家」と評したのである。

ただ、久世の旭川在任期間は短く、翌一九一七年八月には陸軍士官学校生徒隊長兼同校教官に転出している。一九一八年六月には陸軍士官学校幹事兼同校生徒隊長に補される。直後の七月二四日付で少将に進級し、同年一一月に近衛歩兵第一旅団長に補される。旅団は師団と聯隊の間に位置する陸軍の編成単位である。

二月二八日（月）

午後六時から久世さんの招待会に行つたが久世さんの挨拶が済むと宇都宮閣と東郷支庁長とが謝辞を述べられたそれから午後七時頃から法官部長を稲垣さんが小山の家に行くといふので連られて行つた帰りに靴をかへられ剣を落して来た酔つたゐではない

常助は前述の久世の招待会に招かれた。「宇都宮閣」と「稲垣さん」はそれぞれ前出の宇都宮太郎第七師団長と稲垣眞獣医部長を指している。「東郷支庁長」とは東郷重清上川支庁長のことである。

いま北海道庁ときけば、札幌にある北海道庁の建物を連想する。しかし、戦前には地方行政庁として北海道庁が存在していた。いまの北海道知事に相当するのが北海道庁長官である。言い換えれば、戦後の北海道は地名であると同時に地方自治体名であるのに対して、戦前の北海道は地名でしかなかった。そして北海道庁の下にある町村を直接監督する出先機関として支庁が置かれた。北海道支庁長が各地の支庁長に補された。東郷は一九〇八年六月に北海道庁支庁長になり河西支庁（のちの十勝支庁）長に補されている。旭川が属する上川支庁長に補されるのは一九一五年七月である。

三月一日（水）

〔略〕剣村君が亦尋ねて来たそうである牧師など、いふものは五月蝿いものである風呂へ這入つたら神気忽ちに蒼快になつた

「剣村君」とは旭川基督教会の牧師である剣持省吾のことではないか。剣持は一九一二年九月から一九一八年四月までその職にあった。当時の旭川には旭川基督教会、ハリスト正教会、日本基督教会などがあった。旭川基督教会の信徒数は一九一六年には二四九人で翌年には二六九人になっている（旭川市史編集委員会編　2006：1235）。他の教派も教勢が拡大せず苦労していた。「五月蝿い」と書かれてしまうのはそれを反映している。

三月三日（金）には「今日は雛祭の日であるが家には女児もないので別□雛祭もしないが家内が自分の机の上に雛を一つ置いてあつた」とウタに言及している。

剣道、陸軍記念日、そして相変わらずの「大酒家」

三月に入っても、常助は剣道に熱心だったようである。三月六日（月）には稽古を付けてもらって

いる須藤先生が来なかった。「一日でも休まれると大打撃である」と不満を漏らしている。三月一六日（木）には「撃剣に行つた」と一行だけ記されている。飲酒については、三月四日（金）には「酒を呑むだ」とあるが、三月八日（水）に「今は禁酒をしてみた」と書いている。ところが、翌日には「酒を呑だ處へ赤野録事が来た帰つてから直ぐ寝た」とある。「禁酒」はその日限りだったと推察される。「赤野録事」とは赤野四郎録事である。

三月一〇日（金）

陸軍記念日で北鎮学校の裏庭で鋭□、爆破、などがあつたそれから偕行社の宴会に臨んだ、山田君や馬上君など、一所に来た家で一寸酒を呑んだそれから獣医部長を訪問した

三月一〇日は戦前の陸軍記念日であり、一九四五年の東京大空襲の日である。米軍は当然その日を意識して空襲した。ではなぜ三月一〇日が陸軍記念日となったかといえば、それは日露戦争の奉天会戦で日本軍がようやく辛勝した日に由来する。「山田君」は旭川衛戍病院附の山田正雄二等軍医（中尉に相当）であり、「馬上君」は歩兵第二十七聯隊の副官である馬上半三郎歩兵大尉であろう。彼らと「家で一寸酒を呑んだ」あとに稲垣眞獣医部長宅を訪ねたのである。

三月一一日（土）

昨日の呑み過ぎで頭が非常ニ重い役所から帰ると直ぐ寝ころんだ夕方晩酌をやつたら直ぐもと通りなをつた

前夜に大勢で押しかけた稲垣獣医部長宅でも鯨飲して翌日は二日酔いだったようだ。いわゆる迎え酒で「治した」のか。「大酒家」ぶりは相変わらずである。

二個師団増設問題

三月一三日（月）

〔略〕部長から用務があつた此ん度浦邊録事が朝鮮新設師団に行くかも知れぬとのことだ只旨同人に伝へておいた

一九一〇年の韓国併合にともない、それまで大韓帝国に駐留していた日本陸軍の韓国駐剳《さつ》軍は同年八月に朝鮮駐剳軍に改編された。次いで陸軍は一九一二年に対ロシア防備や併合後の朝鮮での抗日運動への対処などを理由に、朝鮮での二個師団増設を要求する。いわゆる二個師団増設問題である。この扱いに時の第二次西園寺公望内閣は苦慮した。財政難を抱え四回に及ぶ日露協商締結もあったことから、内閣はこれに与しなかった。そして、世論の軍閥横暴批判の高まりの前にいったんは問題は沈静化する。しかし陸軍は強く要求し続け、第二次大隈重信内閣は一九一五年六月に増師案を議会で通過させ、同年一二月に朝鮮に常備二個師団の編成が決まった。第十九師団（司令部所在地・羅南）と第二十師団（同・竜山）である。それにともない、軍事司法の要員も増員の必要が生じ、浦邉録事もその候補に挙がったと考えられる。

そして、実際に浦邉は朝鮮に異動するのである。『職員録 大正五年甲』には、第十九師団司令部法官部録事として「浦邉清一郎」と記されている。一九一六年四月二二日付『官報』には「第十九師団司令部ハ本月十六日ヨリ朝鮮龍山ニ於テ事務ヲ開始セリ」とある。竜山はいまのソウルの一区域である。浦邉はソウルに行った。一九一九年四月に第二十師団司令部が竜山に設置されたことにともない、第十九師団司令部は羅南（現在の北朝鮮・清津市の一区域）に移る。前年六月に朝鮮駐剳軍は朝鮮軍に改称されていた。半島常駐二個師団体制が完成するのは一九二一年四月である。

ちなみに、清津《チョンジン》といえば、戦後の北朝鮮帰国事業で新潟からの帰国船が入る港があった所である。北朝鮮を「地上の楽園」と日本で信じ込まされた帰国者は、清津港で下船して「すべてがウソ」だと気づかされたという。在日コリアン二世の映画監督ヤン・ヨンヒの作品に『スープとイデオロギー』（二〇二一）がある。そこでは、ヤン・ヨンヒの長兄が金日成の還暦（一九七二年）を祝う「人間プレゼント」として「帰国」させられた事実が紹介されている。ヤン・ヨンヒの両親は総連（在日本朝鮮人総連合会）の熱心な活動家で、彼らの子どもたちも帰国事業の対象とされた。つまりは人身御供ないしは人質として北に送られたのであった。

三月一四日（火）

撃剣から帰つ帰《ママ》ると参謀長から新設師団の配当人名表が来ておつたが第一第十二、十一師団の部員が出る事に予定されてゐる自分は余り朝鮮は望まぬが海外勤務は一度もした事がないので一度行きたいと思つた

久世参謀長から次の人事異動が記されている「配当人名表」が配付されたということであろう。「部員が出る事に予定」とは、「第一第十二、十一」師団の法官部部員が朝鮮に異動するということを意味していよう。続けて常助も「一度行きたい」と書いている。この「望まぬ」望みは実現する。一九二〇年五月一九日付で常助は第十九師団法官部部員兼朝鮮軍法官部部員への異動を命じられるのだ。浦邉が勤務している第十九師団法官部に常助も赴任することになる。『職員録　大正九年』をみると、二人が再び同じ部署にいることが確認できる。

八雲出張

三月一五日（水）
愈《いよいよ》　八雲に行くことにした師団長も喜んで居る様である郵便局に行つて□事件に付て相談に行つた小日向さんは十二指腸カイヨウにか、られたが押て出て居られた
三月一七日（金）
夜十一時半の汽車に乗る為官舎を九時頃に立つた汽車場で□□ノ大尉殿ガ乗車券ノ年齢を抜かした

ので非常に困つて居た又一人の中尉が乗つて居た其の人は語学の試験に東京へ行くとのことだつた
黒松内で蕎麦を食つて八雲に着いたのが二時過であつた

宇都宮師団長に依頼されて、常助は三月一七日に八雲（渡島支庁山越郡八雲村、現・渡島総合振興局二海郡八雲町）に出張した。先述の小林駒太郎第七師団獣医部長が「郷里に帰つて行く」ために乗ったのと同じ旭川二三時三〇分発の上り列車に常助も乗った。「八雲に着いたのが二時過であつた」という。時刻表上では八雲着は一三時二分となっている（3-4）ので、一時間ほど遅延したことになる。一四時間半に及ぶ長旅である。

三月一九日（日）
警察に行つて上砂蘭部《さらんべ》の家を回て歩いて行つた〔略〕それから駐在所に行つて配つたが門にて大変なこと□て来たと一人の二十才位の若物《ママ》か来た、□□は狂人ノ主人の妻を切つて血まみれにな〔書き切れずに三月二〇日の欄に続けている〕
三月二〇日（月）
つておるといふこと巡査は直ぐ行つた切り返へつて来なかつた昼飯を喰□ふことが出来て□□□の飲食店で煙草を呑み酒を呑んで三時頃駐在所を出た
宿に帰つたら室が違ふ結婚式がある宿の主人の親戚のものが元八雲村長の姫を嫁とるとのことであ

つた十二時頃まで騒がれて眠むれぬヤツトビール一本で寝た

上砂蘭部の家を検分することが出張目的だったようだ。ところが殺傷事件に巻き込まれて昼食どころではなくなった。しかも宿に戻っても散々な目に遭っている。三月一九日分の記載が三月二〇日（月）の欄の最後まで続いているので、二〇日の常助の行動は不明である。

三月二一日（火）には常助は札幌に向かっている。八雲一〇時一分発の下り列車がある（〔3-4〕）ので、常助はこれに乗車したと思われる。札幌到着は時刻表上は一九時四七分である。当日は札幌に宿泊し翌日憲兵隊に行っている。取り調べを済ませて一旦宿に戻り、「其夜十一時頃の汽車で出発した」。これは札幌二三時四〇分発の列車のはずである。三月二三日（木）「六時頃旭川駅に着いたから構外に偕行社の馬車が待つておる」。この夜行は時刻表上は旭川五時ちょうどに到着なので、これも遅延したのか。

もっとも当時の鉄道ならば列車遅延は珍しくなかったようだ。一九〇一年一二月に発行された『鉄道時報』第一一七号には次の指摘が掲載されているという。「近来私設鉄道の列車が其発着時間を誤まることは毎度のことで、時間通りに発着するのは稀れで、遅着が殆んど通常になつて居り、時間の整斉を以て第一の務めとすべき駅員自からさへも遅着を普通のことと見做して敢て怪まぬ位ひである」（橋本・栗山編著 2001：35）。この批判から一五年経っても、あるいは函館線のような官営鉄道であっても、定時運行はまだ定着していなかったとみられる。さて、常助はその後いったん帰宅して「八時頃から出勤した」。一週間の長期出張だった。

法官部長の交代、各聯隊の配置

三月三〇日（木）

夜浦邉録事がやって来た酒呑んで十二時頃になつた

これで三月の記述は終わっている。

四月に入ると日記の記載が格段に少なくなる。記載があるのは、一二日（水）、一三日（木）、一七日（月）、二三日（日）～二六日（水）の七日のみである。内容は常助の直属の上司である法官部長の動静が中心となる。

四月一二日条は「部長久留米第十八師団ニ転任ノ内報アリ」と一文だけ記されている。この「部長」は前述の小林砂吉法官部長を指している。小林の異動は四月一三日付で、後任の法官部長には、同日付で第十八師団法官部長だった河内貞藏が入れ替わりで着任した。河内はのちに関東軍軍法会議法務官、第四師団軍法会議法務官などを歴任する。

ただし、小林は異動期日を過ぎてもしばらく旭川を去らなかった。四月二三日（日）には「部長転任ニ付常陸屋ニ法曹会ヲ催ス」、四月二四日（月）には「偕行社ニテ送別会ヲ催ス」、四月二五日（火）には「部長部員以下ヲ自宅ニテ饗セラレル」と送別会続きであった。四月二六日（水）には常助は自宅に部長一家を夕食に招いたあと、「午後十一時半停車場ニ見送リヲナス」。とすれば、小林は四月二六日まで旭川

〔3-7〕**第七師団司令部の建物があったと思われる場所**
2022年3月29日・筆者撮影。手前に陸上自衛隊旭川駐屯地がある。

にいたことになる。

五月の記載は一日（月）の一日のみである。「植村軍医ノ家ニ下女手傳ニ遣ル」とある。植村は前出の植村秀一二等軍医である。一方、「下女」が上述のとみならばそう書くのではないか。とみ以外にもう一人の「下女」がいた、あるいは代わって別の「下女」を雇ったのであろうか。明治末期に至っても「下女」「下婢」という言い方が「女中」よりも一般的だった。

六月の記載は三日（土）～五日（月）の三日のみである。三日条に「部長札函各隊ニ出張ニ付新聞社ニ記事材料ヲ与フ ◯ 連日ノ飲酒ニ頭脳甚ダ透明ナラズ」とある。常助の酒豪ぶりは依然として相変わらずであったようだ。札函とはもちろん札幌と函館のことで、聯隊区司令部がそれぞれに置かれていた。当時、北海道には加えて旭川と釧路にも聯隊区司令部があった。

聯隊とは旅団の下級にある編成単位である。歩兵第N聯隊、騎兵第N聯隊などの呼称が示すように（Nには番号が入る）、聯隊は単一兵種によって編成される最大の部隊で、陸軍部隊組織で中核的な存在だった。旭川には歩兵第二十六聯隊、歩兵第二十七聯隊、歩兵第二十八聯隊、騎兵第七聯隊、および野戦砲兵第七聯隊が置かれていた。先の「第七師団旭川衛戍地各部隊建物配置図」（〔2-7〕）をみると、中央部の練兵場の上辺から右辺を囲む形で各聯隊の兵営が確認できる。その右上角に扇の要として司令部が所在していたのだ。往事の面影は現在はまったくない（〔3-7〕）。さらに札幌には歩兵第二十五聯隊が、函館には函館要塞司令部が置かれていた。

一番軽んじられた兵科・輜重《しちょう》兵

六月四日（日）
東京区才《ママ》判所ヨリ川上□□ノ前科調ノ照会不明ノ旨回答ス　◯　前川少佐来ル　◯　山田輜重兵副官ニ検察処分者留置場ニ関スル規定ヲ貸与ス明日返納ノ約　◯　殖銀輪読会ニ臨ム

日曜日にもかかわらず東京区裁判所から「川上」なる前科者の照会が入ったとある。「前川少佐」は歩兵第二十六聯隊附の前川米太郎歩兵少佐であり、「山田輜重兵副官」は輜重兵第七大隊副官の山田褒《よし》雄輜重兵大尉である。その後前川は一九二六年三月にやはり旭川に置かれていた歩兵第二十八聯隊の聯隊長になる。一九二八年一二月二八日に病死し同日付で大佐から少将に名誉進級した。山田は輜重兵第七大隊長、輜重兵第十大隊長、近衛輜重兵大隊長と補されていき、最後は少将に進級して一九三一年三月に待命・予備役となった。

輜重とは軍隊の糧食・衣類・武器など軍需品のことであり、輜重兵はその輸送を任務とした。陸軍にあって最も軽んじられた兵科だったといわれる。「輜重輸卒が兵隊ならば、蝶々トンボも鳥のうち、電信柱に花が咲く」との戯れ歌さえあった。

ちなみに山田が常助から借りた「規定」については翌日に「返納シ来ル」と常助は書いている。「殖銀」とは北海道拓殖銀行旭川支店（一九〇五年一〇月営業開始）を指していよう。あるいは拓殖貯蓄銀行旭川支店（一九〇九年八月北海道貯蓄銀行から改称）か。

風流人としての常助

七月三日（月）
夕暮に眺め見渡す隅田川
ドレ隅田川ノ景色ヲ眺メテ月日ヲ暮サウカ
月に風情の待乳山《まつちやま》帆上げた船が見ゆるぞや
トリヤ夜明ノ鳥ノ鳴カヌウチニ浜邉ヲサシテ帰ロウカ
アレ鳥が鳴く〳〵□の名も都に名所があるわいなァ…

これは端唄「夕暮れ」の歌詞である。正確には「見ゆるぞや」は「見ゆるぞえ」、「ドレ〈略〉」と「トリヤ〈略〉」の行の歌詞はない。「鳴く」は繰り返さない。「□」には「鳥」が入るが、常助の文字は「鳥」とは読めない。

端唄とは三味線音楽の一種で一分から三分くらいの小歌曲のことである。幕末から明治期にかけて大流行した。「俺の日本舞踊」というHPによれば、「夕暮れ」の歌詞は芸者が夕暮れの隅田川を眺めている情景を描いているとのことである。「待乳山」は浅草にある寺院の待乳山聖天を指している。

この端唄を常助はウタから聞き及んだのであろうか。なぜわざわざ日記に書き付けたのかは知るよしもない。ただ常助は多趣味の風流人だった。上述のとおり軸物・骨董を収集したり、和歌を詠んだりもしている。とりわけ「皆人は　真心こめて　なせそかし　着物きるにも　箸をとるにも」という歌はお気に入りであったようで、お盆に刷り込んでいる（〔3-8〕）。

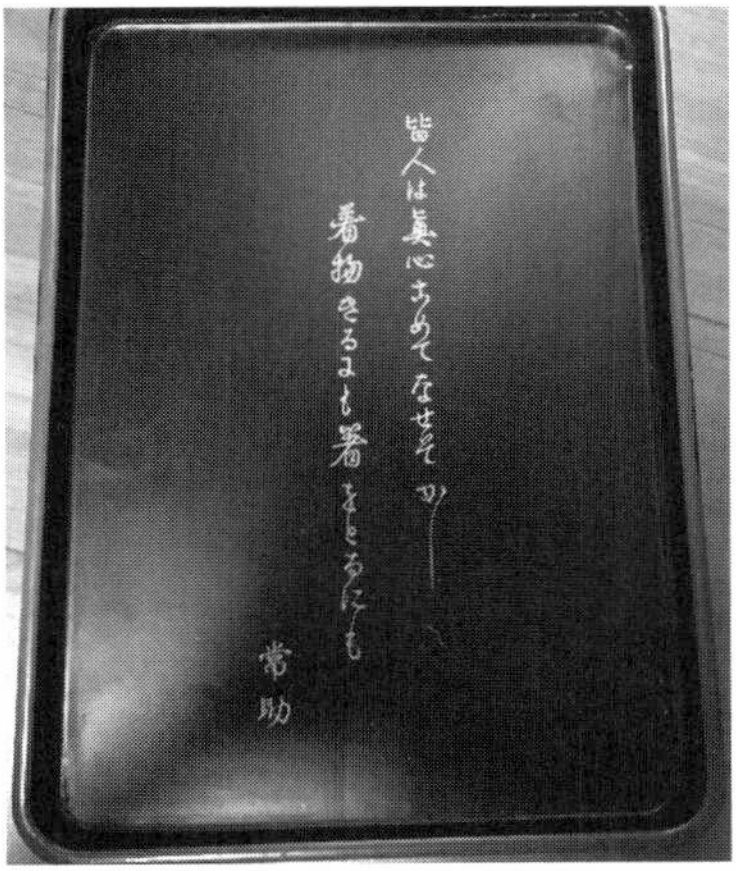

〔3-8〕常助の和歌が刷り込まれたお盆

ただ、この歌の解釈はむずかしい。「なせそかし」がなければ、〈人はみな真心をこめて事に当たらなければならない。服をきることにしても箸をとることにしても〉という意味になろう。常助の性格あるいは仕事に臨む姿勢と重なって合点がいく。他方で「なせそかし」は、〈そこまでしないでくれよ〉という禁止を意味する。すると、〈服をきることや箸をとることにそこまで真心をこめる必要はない〉と正反対の歌意になってしまう。

中旬には記載が一切なく七月二五日（火）になって、「月給」の二文字だけが記されている。毎月二五日が給料日であったことがわかる。

七月二七日（木）条は「二日酔いニテ大にへたばる奥野中尉函館へ転任に付部長室に至り相談ノ上」とある。懲りもしない酒量である。「奥野中尉」とは旭川憲兵分隊長の奥野保一憲兵中尉のことである。ところが奥野の転任ポストは函館憲兵分隊長ではなく、朝鮮の春川憲兵隊の麟蹄憲兵分隊長であった。「相談」の結果ということか。奥野の後任には山口貞之助憲兵大尉が就いた。いずれも八月五日付の人事である。

七月二八日（金）には「久世参謀長宅ニ招カル」とある。これ以降次に述べる九月一八日まで記載がなくなる。

満鉄附属地とは

九月一八日（月）

新任師団長藤井中将を迎ふ午后二時ヨリ伺候式あり眼光炯々として徐に偉大なる感を起さしむ

「藤井中将」とは藤井幸槌《こうつち》陸軍中将である。藤井は八月一八日付で陸軍少将から陸軍中将に進級し、同日付で第七師団長に補された。実際の赴任まで一か月かかっている。藤井は士官生徒（旧士）八期生（一八八六年六月卒）で歩兵少尉に任官する。陸大は八期である。一九〇六年七月には第六師団参謀長となり、翌年一一月に歩兵大佐に進級している。一九〇九年一一月に近衛師団参謀長、一九一二年四月には歩兵第七旅団長、一九一四年一一月に独立守備隊司令官へと累進している。

独立守備隊とは南満州鉄道（満鉄）の一九〇七年四月の業務開始にあわせて新設され、満鉄およびその鉄道附属地の警備を担当した駐屯軍隊である。歩兵六個大隊を擁した。その司令部が編成されるのは一九〇九年四月になってのことである。初代司令官には仁田原重行陸軍少将が就いた。司令部は公主嶺に置かれていたが、一九三三年には奉天に移転した。加えて一九三三年一二月に第二独立守備隊が編成される。これは「満州国」建国により鉄道警備の任務が満州全土に拡大されたためである。

一方、鉄道附属地は鉄道路線に附属する土地をいう。線路の両側数メートルにとどまらず、都市の駅周辺になると数キロ四方に達する市街地までもが、鉄道経営に不可欠との理由でそこに含まれた。要するに租界に近い土地であった。これがいわゆる満鉄附属地である。しかも、そこでの土木・教育・衛生関係の行政は満鉄が担当した。すなわち、病院や上下水道、さらには学校教育機関の整備まで行っていたのである。後述する満州医科大学も満鉄が設立した。

いずれにせよ、藤井は満州から戻って第七師団長となったのである。輝かしい軍歴をもつ新師団長に常助は畏敬の念を抱いたのであろう。藤井は常助にとって三人目の師団長であった。前出の林師団長は一九一四年五月一一日付で免じられ、同日付で宇都宮太郎中将が親補された。その後任が藤井となる。ただ藤井は一九一九年一一月に近衛師団長に任ぜられるので、第七師団長として三か月余りしか在任しなかった。

九月二三日（土）には「新任師団長藤井中将□□ノ招待宴に臨む」と書かれている。

九月二四日（日）には「殖銀に至る研究会なき故碁後将棋に耽る」とだけある。六月四日条に記されている「輪読会」は毎週日曜日に続けられていたが、この日は中止となったのだ。常助は囲碁も将棋も趣味としていた。

さて、九月二九日（金）が一九一六年の手帳に記入のある最後の日付となる。この日には身辺雑記ではなく、法律、個人、宗教に関する常助の考え方がまとめられている。「法律ハ個人ト国家トノ関係ニヨツテ成立スルモノデアル（略）倫理ハ個人ト個人トノ関係ヲ教示シテ居ル宗教ハ人間ト人間以上即チ絶対者トノ関係換言スレバ絶対ヲ理想トシテ進ムノデアル次ニ□□ハ「カクアルベキモノデアル」ト云フ事物ニ就イテノ経綸ヲ報ユルモノデアル」と。

第４章　善通寺第十一師団勤務から朝鮮軍勤務まで

陸軍法務部の大物・島田朋三郎

一九一六年一〇月一三日付で常助は、香川・善通寺に置かれていた第十一師団司令部の法官部部員に異動する。代わって、第十一師団法官部部員だった島田朋三郎が常助の後任として第七師団勤務となる。

島田は一八八二年三月一二日生まれなので、前年九月一七日生まれの常助とはほぼ半年の年齢差でしかない。しかも常助と同じ第四高等学校を一九〇四年七月に卒業していることから、島田は常助の一学年後輩に当たる。島田の氏名は、同年七月一二日付『官報』記載の第一部法科（独法）卒業生名簿二七人中一五番目にある。同年九月に島田は東京帝国大学法科大学法律学科（独逸法兼修）に進学し、一九〇九年一〇月に同大学を卒業している。当時の東大法科大学の修業年限は四年である。島田は三年次に一年留年している。

卒業後は陸軍法官部に勤務し各師団および朝鮮軍の法官部部員のポストを異動する。一九二二年四月に陸会が施行されてからは、朝鮮軍および各師団の軍法会議法務官を歴任していく。前述のとおり、常助は一九二〇年五月に第十九師団法官部部員および朝鮮軍法官部部員に補される。朝鮮における日本陸軍の軍法会議の設置は、韓国併合前の一九〇七年四月に公布された関東都督府及韓国駐箚軍陸軍軍法会議法に定められていた。その第一条に「韓国駐箚軍ニ陸軍軍法会議ヲ設ク」とある。

ところが、この法律は一九二一年四月公布・翌年四月施行の陸会附則第五三三条によって廃止された。代わって、陸会と同日に公布・施行された朝鮮軍軍法会議に関する法律に基づき、朝鮮軍軍法会議が設けられた（第一条）。

陸会の施行とともに、島田も常助も朝鮮軍軍法会議法務官に補された。そして常助は同軍法会議により検察官を命じられる。朝鮮軍の下位にある第十九師団と第二十師団には、他の師団とは異なり軍法会議は置かれなかった。ただ、常助は同日（一九二二年四月一日）付で陸軍司法事務官の兼任を命じられ、陸軍司法事務官として羅南にある第十九師団の法務部長に補された。従って、朝鮮軍軍法会議法務官としても「羅南ニ在テ服務スヘシ」と命じられた。つまり二人は同じ勤務地にはおらず、一方は羅南に他方は竜山にいたのである。のちに朝鮮軍軍法会議には竜山法廷と羅南法廷として二つの法廷が置かれることになる。『職員録　昭和九年八月一日現在』にはそれぞれの法廷別に人員配置が記されている。それ以降の『職員録』の記載も同じである。

その後、島田は第一師団軍法会議法務官に補されて、五・一五事件の陸軍側被告人に対する裁判に裁判官としてかかわる。一九三五年八月に相沢三郎歩兵中佐が永田鉄山軍務局長を惨殺した事件では、同じ第一師団軍法会議で検察官を務めた。戦争末期には和平工作をめぐって検挙された吉田茂の取り調べも担当している。島田は吉田を「閣下ほどの愛国者はない」と持ち上げたという（吉田 1957：63）。当時島田は法務部将校として最高位だった法務中将の地位にあった。陸軍法務部の大物である。一九四二年四月に法務官の身分が文官から武官に変わることについては終章で述べる。

敗戦直後の一九四五年九月四日に島田は「敗戦の責を負い」自決する。島田の墓（4-1）が東京・多磨霊園に建てられたのは一九六七年一〇月である。私がその写真撮影に訪れた二〇二二年三月には、墓の周りは枯れ木などに覆われ手入れはまったく行き届いていないように感じられた。

〔4-1〕島田朋三郎の墓
2022年3月10日・筆者撮影。

「閣下ノ最モ元気ナ時代」

話を常助に戻そう。第十一師団は一八九八年一〇月に設置された。初代師団長は乃木希典という由緒ある師団である。常助が着任したときの師団長は第八代の蠣崎富三郎中将だった。蠣崎は士官生徒（旧士）六期生で陸大七期の優等卒業者として「恩賜の軍刀」を下賜された。その後フランスに留学した経験をもっていた。常助の第十一師団在職中に師団長は、一九一七年八月六日より第九代の町田経宇中将に、一九一九年四月一二日からは第一〇代の斎藤季治郎中将に代わる。

常助の直属の上司である法官部長には佐原寅三郎理事が就いていた。加えて、常助の次級部員に小幡通徳理事がいた。小幡もまたのちに朝鮮軍軍法会議法務官に補され（一九三二年一二月二七日付）、常助の死去時（一九三五年二月二五日）には同軍法会議竜山法廷に勤務していた。彼の地から第十一師団時代の常助について次の「報告」を、「故陸軍法務官従四位勲四等堀木常助閣下略歴」（〔2-3〕）に寄せている。

> 堀木閣下ガ善通寺ノ第十一師団法務《ママ》部ニ高級部員ヲシテ居ラレタノハ大正五〔一九一六〕年ノ秋カラ同九〔一九二〇〕年頃ノコトデアッテ閣下ノ最モ元気ナ時代テアッタ〔略〕閣下ハ身体強健テ一見明朗豪放ナ感カシタガ却々細心周到ナ点ガアッタソシテ他人ノ悪口ハ滅多ニ言ハレヌ人他人ノ欠点ニモ気ガ付カヌヨウニシテ居ラレタ

もちろん弔文であるから額面どおりには受け取られない。それでも、善通寺時代の常助は心身ともに健康で充実した生活を過ごしていたようである。そして理事としての活躍ぶりを小幡は一件紹介している。

一九一七年に殺人事件が発生した。すでにこのとき某曹長は窃盗嫌疑で留置中だった。香川県警は捜査に全力をあげたものの殺人犯は割り出せなかった。常助は留置中の某曹長が最も疑わしいとにらんで、佐原法官部長に一応調査させてほしいと申し出た。佐原は難色を示したが、常助は「再三部長殿ニ請願シ」某曹長の取り調べを実現させ単独犯行を自白させた。「各将校警察官等其明敏ニ驚キ重大事件モ落着シタ」

プライベートでは、依然として剣道に熱心で酒量は相当であった。これらについても小幡は触れている。「閣下ハ随分剣術カ好キデ時々練習ヲヤツテ居ラレタ運動ハ随分好キナ方テ〔略〕善通寺ノ山々へ登ラレタ酒ハ相当飲マレタカ酔フテ自分ヲ忘レルヤウナコトハナク却々強ク確リして居ラレタ」

その他、釣り、囲碁、軸物・骨董収集、謡曲と多趣味だったことが記されている。

陰徳を積む

これら以上に注目すべき常助の善行を小幡は明らかにしている。常助はたいへん世話好きで「学生ニ学資ヲ出シテヤツテ勉強サセラレテ居タコトガアツタ此恩恵ニ浴シタ者カ数名アツタフウダ〔略〕閣下ハ冗費ヲ節シ倹約ヲシテ居ラレタガソレハ死蔵テハナク右ノヤウナ奉仕的方面ニ出資サレタ事実カ多カツタ」

常助の甥の高羽謙吾も上掲の「略歴」に次のように書いている。「貧困の家に育って学資に乏しいものを聞くと何等係累のないものにまでも学資を惜まず最高学府まで援助せられた事は堀木のかくれた趣味でもあり一事業でもありました」。

陰徳を積むことを常助は信条としていた。早くも一九一三年八月一〇日には恩賜財団済生《さいせい》会に四八円の寄付を行い、同会会長の桂太郎から感謝状を受けている。恩賜財団済生会は明治天皇が一九一一年二月一一日に、「済生勅語」を当時の首相・桂太郎を前に発したことをきっかけとして創立された。背景には、数百人の社会主義者・無政府主義者が逮捕された前年の大逆事件があった。社会主義運動の高揚を憂慮したのである。それを抑えるには弾圧ばかりでは奏功しない。そこで、「済生勅語」は生活困窮者に対する医療の充実を説いたのである。その施設整備のために皇室から一五〇万円の資金が出された。恩賜財団という名称はこれにちなんでいる。社会福祉法人恩賜財団済生会として今日に至っており、運営する病院・診療所は一〇〇施設にのぼる。同財団のHPには「日本最大の社会福祉法人として全職員約64,000人が40都道府県で医療・保健・福祉活動を展開しています」と謳われている。現在の総裁は皇嗣の秋篠宮である。

こうした善行はその後も続けられ、常助の死後にはウタが四万円もの大金を寄付するのである。当時の一円がいまの二〇〇〇～三〇〇〇円といわれる。とすれば四万円はいまの八〇〇〇～九〇〇〇万円に相当する。

現在も使われている旧第十一師団司令部

善通寺市にはかつての師団司令部、兵舎、兵器庫、将校たちの社交の場である偕行社などが移築されることなく、現在でも使われ続けている（〔4-2〕～〔4-6〕）。旧師団司令部の一部は「乃木館」とよばれ、乃木はじめ代々の師団長が使用した執務机や乃木を記念する資料などが展示されている。この師団司令部のどこかに常助が勤務した法官部の部屋があったはずである。

〔4-6〕の右奥にみえる建物は二〇二二年一月にオープンした善通寺市役所の新庁舎で、二階の全フ

〔4-3〕旧第十一師団司令部外観
2階右手奥に師団長室があった。

〔4-2〕「旧陸軍第十一師団司令部之跡」と刻まれた碑
2022年5月14日・陸上自衛隊善通寺駐屯地にて筆者撮影（〔4-5〕まで同じ）。
〔4-6〕は駐屯地から1200mほど離れている。

〔4-4〕旧第十一師団司令部2階の様子
一番奥が師団長室。

〔4-5〕第十一師団長の執務机
乃木希典の写真が飾られている。

〔4-6〕旧善通寺偕行社

ロアに市立図書館が入っている。

なお、第十一師団の各部隊では、一九一八年六月から七月にかけて流行性感冒、いわゆるスペイン風邪が猛威をふるった。三一五四人が感染し、将校五人、兵士一五人が死亡したとの記録が残されている（大野 1962：36）。

朝鮮・羅南へ

先述のとおり、常助は一九二〇年五月一九日付で第十一師団法官部部員を免ぜられ、第十九師団法官部部員兼朝鮮軍法官部部員に補される。引き続き小幡の「報告」によれば、常助が第十九師団司令部のある羅南に赴任したのは同年六月一〇日である。その後常助は羅南で七年弱もの間勤務することになる。着任時の第十九師団師団長は高島友武中将であり、法官部長は細谷五郎理事だった。兼任先の朝鮮軍司令官は宇都宮太郎大将であり、法官部長には石田氏幹理事が就いていた。常助の第七師団着任時の師団長も宇都宮だった。宇都宮は一九一九年一一月に大将に進級していた。

一九二〇年一二月二五日付で、常助は「大正四年乃至九年戦役」（第一次世界大戦）の戦功により勲六等瑞宝章および金五〇〇円を授与されている。あわせて同日付で「大正三年乃至九年戦役従軍記章」も授けられた。

これも前記のように、一九二二年四月一日にそれまでの陸軍治罪法などが廃止され陸会が施行される。陸軍治罪法下の理事は裁判事務と司法行政事務の双方を担当していた。一方、陸会によって理事は廃止さ

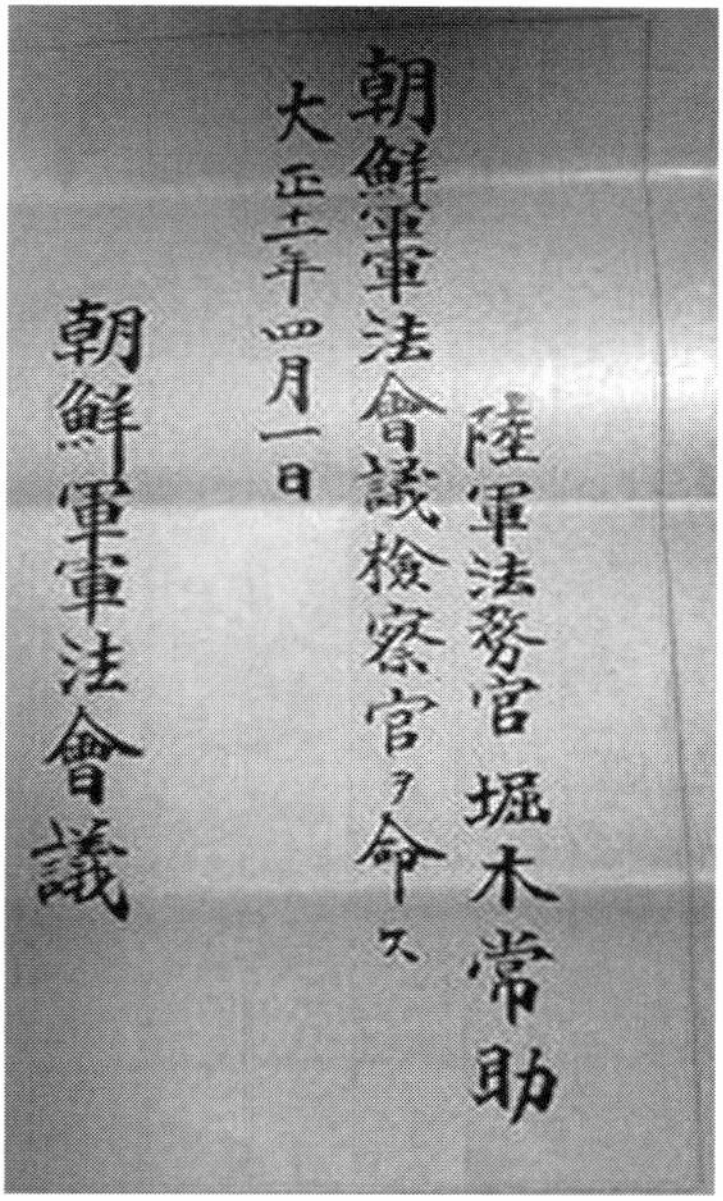

〔4-7〕朝鮮軍軍法会議検察官を命じる辞令

れ、裁判事務は陸軍法務官が、司法行政事務は陸軍司法事務官が担うことに変更された（大正一一年勅令第八四号）。

同日付で常助の官名は理事から陸軍法務官兼陸軍司法事務官に変わった。陸軍法務官としては朝鮮軍軍法会議法務官に補され、陸軍司法事務官としては第十九師団法務部長に補された。部員から部長へ栄進したのである。第十九師団は羅南にあるので、朝鮮軍軍法会議法務官として「羅南ニ在テ服務スヘシ」と陸軍省から命じられた。さらに朝鮮軍軍法会議から検察官を命じられた（〔4-7〕）。

陸軍法務官には裁判官、予審官、検察官の三つの職務があったことは、すでに〔1-3〕で示した。そのうちのどれに就けるかは当該軍法会議が、つまりは当該軍司令官あるいは当該師団司令官が命じた。

常助が関与した被告事件

小幡は常助が七年弱の羅南時代に軍法会議理事および法務官として携わった「顕著ナル被告事件」として、次の八件（〔4-8〕）を挙げている。

〔4-8〕常助が関与した被告事件

	事件名	判決
1	某工兵曹長に対する放火被告事件	懲役5年
2	某歩兵二等兵卒に対する窃盗軍用物損壊森林令違反被告事件	懲役3年および罰金30円
3	某庫手と某代用小使に対する窃盗被告事件	某庫手：懲役1年6月 某代用小使：懲役7月
4	某一等計手に対する業務上横領私文書偽造行使被告事件	懲役2年
5	某憲兵曹長と某憲兵上等兵に対する瀆職被告事件	某憲兵曹長：禁錮5月 某憲兵上等兵：禁錮2月
6	某看護長に対する公文書偽造詐欺横領窃盗被告事件	懲役1年6月
7	某歩兵中尉に対する逃亡被告事件	懲役5月
8	某一等看護卒、某一等磨工卒、某一等看護卒、某上等看護卒、某上等看護卒、某一等看護卒等に対する軍用物損壊同器物損壊、上官侮辱、電信法違反被告事件	某一等看護卒：懲役1月、某一等磨工卒：懲役3月、某一等看護卒：懲役4月、某上等看護卒：懲役2月、某上等看護卒：懲役4月、某一等看護卒：懲役4月

「1」の曹長は下士官における最上位軍人に当たる。最下級の軍人である兵のことを当時は兵卒と称していた（「2」）。「4」の一等計手とは各部の経理部の最上位下士官で曹長に該当する。兵科の兵には上等兵、一等兵、二等兵があった（一九四〇年九月に上等兵の上に兵長を新設）が、憲兵には上等兵より下の階級

はなかった（「5」）。各部の衛生部の看護長には上等（准士官）から三等（一等からは下士官）まで四階級があったので、「6」の「看護長」だけでは階級が特定できない。「8」で上等看護卒は上等兵に、一等看護卒と一等磨工卒は一等兵に当たる。各部の衛生部の兵には看護卒と磨工卒がいた（いずれも一九三一年まで。それ以降は看護兵、磨工兵。一九三七年からは衛生兵に呼称統一）。磨工卒は衛生材料の取り扱いや治療器械の研磨修理を担当した。

宇都宮第十四師団へ

一九二七年三月二二日付で常助は第十四師団軍法会議法務官に転任する。師団司令部は栃木県河内郡国本村（現・宇都宮市）にあった。師団長は宮地久寿馬《くすま》中将である。ところが第十四師団は同年三月に満州駐箚を参謀本部により命じられた。日露戦争の講和条約であるポーツマス条約に基づき、日本の権益下に置かれた満鉄およびその附属地を守備するために内地から一個師団が派遣された。それは二年交替であり、このときは在満の第十師団（司令部所在地・姫路）との入れ替わりで第十四師団が出動することになった。師団司令部は四月一〇日に出発した。そのため同日付で宇都宮に師団司令部留守部が開庁された。満州での師団司令部は遼陽に置かれた。軍法会議は留守部に残された。常助の宇都宮への異動はこうしたあわただしいさなかのことであった。

残念ながら、第十四師団軍法会議における常助の勤務ぶりは不明である。ただ、前出の養子にした甥の英男と協議離縁したのは、ここに在勤中の一九二八年四月一七日のことである。一方、同年六月四日に満州某重大事件（張作霖爆殺事件）が発生した。その対応で第十四師団の師団司令部は奉天（現・瀋陽）に一時移動する。一九二九年四月に二年間の警備任務を終えて、第十四師団は宇都宮に帰還した。

第5章　満州勤務の日々（Ⅰ）―渡満・軍事郵便・恤兵

再び旭川第七師団へ

一九三〇年三月三一日付で常助は再び旭川の第七師団に異動することになる。第七師団軍法会議法務官に補され、陸軍司法事務官を兼任し第七師団法務部長に補された。陸軍司法事務官として高等官三等に叙せられている。同時に陸軍監獄長の兼任を命じられ高等官五等に叙せられ、旭川衛戍刑務所長に補されている。常助の高等官の等級をめぐってはやや複雑である。一九二二年四月の陸会施行とともに常助は陸軍法務官兼陸軍司法事務官という二つの官に就いた。いずれの官でも高等官五等に叙せられた。一九二五年六月にいずれの官でも高等官四等に陞叙される。ところが、一九二七年三月に陸軍司法事務官の兼任を解かれる。一九二九年一二月に陸軍法務官として高等官三等に陞叙される（以上、巻末の年譜参照）。そして一九三〇年三月三一日付で常助は再び陸軍司法事務官を兼任すると同時に、新たに陸軍監獄長という官にも就いた。それにともない、前者については高等官三等に、後者については高等官五等に叙せられたわけである。

一九〇八年一〇月一日に、それまでの陸軍監獄官制などが廃止され陸軍監獄官制（明治四一年勅令第二三七号）が施行された。すなわち、陸軍監獄は軍法会議所在地に置かれ（第一条）、陸軍監獄長には奏任官が充てられるとしていた（第四条）。当時常助は高等官三等の奏任官であった。一九二三年四月からは第一条が改正され、従来の陸軍監獄は陸軍刑務所と陸軍拘禁所の二種類に分けられ、名称が定められた。旭川の陸軍監獄は旭川衛戍刑務所となった。常助は一九三四年一月に陸軍監獄長の兼任は解かれることになる。

第七師団の師団長は新井亀太郎中将だった。その後師団長は一九三一年八月に佐藤子《ね》之助中将に、一九三三年八月に杉原美代太郎中将に代わる。

実際に常助が旭川に着任したのは、一九三〇年四月二五日である。二六日付『旭川新聞』には「昨二十五日午後二時五十三分旭川着列車にて夫人同伴の上着任した」とある。『汽車時間表』一九三〇年一〇月号をみると、前日二三時三〇分函館発の幌延行き普通列車は、翌日一四時五五分に旭川に着く。これに乗車したのか。

子どもがいなかった常助・ウタ夫妻は一九三三年九月に吉村義次と養子縁組をする（戸籍上は九月一九日）。吉村義次は吉村儀平の二男として一九一九年七月一八日に生まれた。当時満一四歳である。吉村家も伊勢地方の庄屋である。常助は義次を養子にするにあたって、伊勢から旭川まで一人で来ることができたらとの条件を付けたという。義次はその言葉どおり単身で旭川にやってきた。

満州事変と第七師団の渡満

さて、一九三一年九月一八日夜の奉天東北方の柳条湖での鉄道爆破事件を発端として、関東軍による満州侵略戦争が開始される。いわゆる満州事変である。時の若槻礼次郎内閣は不拡大方針を表明したが、関東軍はこれを無視して戦線を拡大させていった。朝鮮軍も派遣され満州ともいわれた東三省（遼寧省・吉林省・黒竜江省）が日本軍によって制圧された。ついに翌年三月に清朝の廃帝・愛新覚羅溥儀を皇帝に担いだ日本の傀儡国家「満州国」が成立する。日本政府は「満州国」承認に難色を示していたが、九月に斎藤実内閣が「満州国」との日満議定書を締結して「満州国」を承認するに至った。

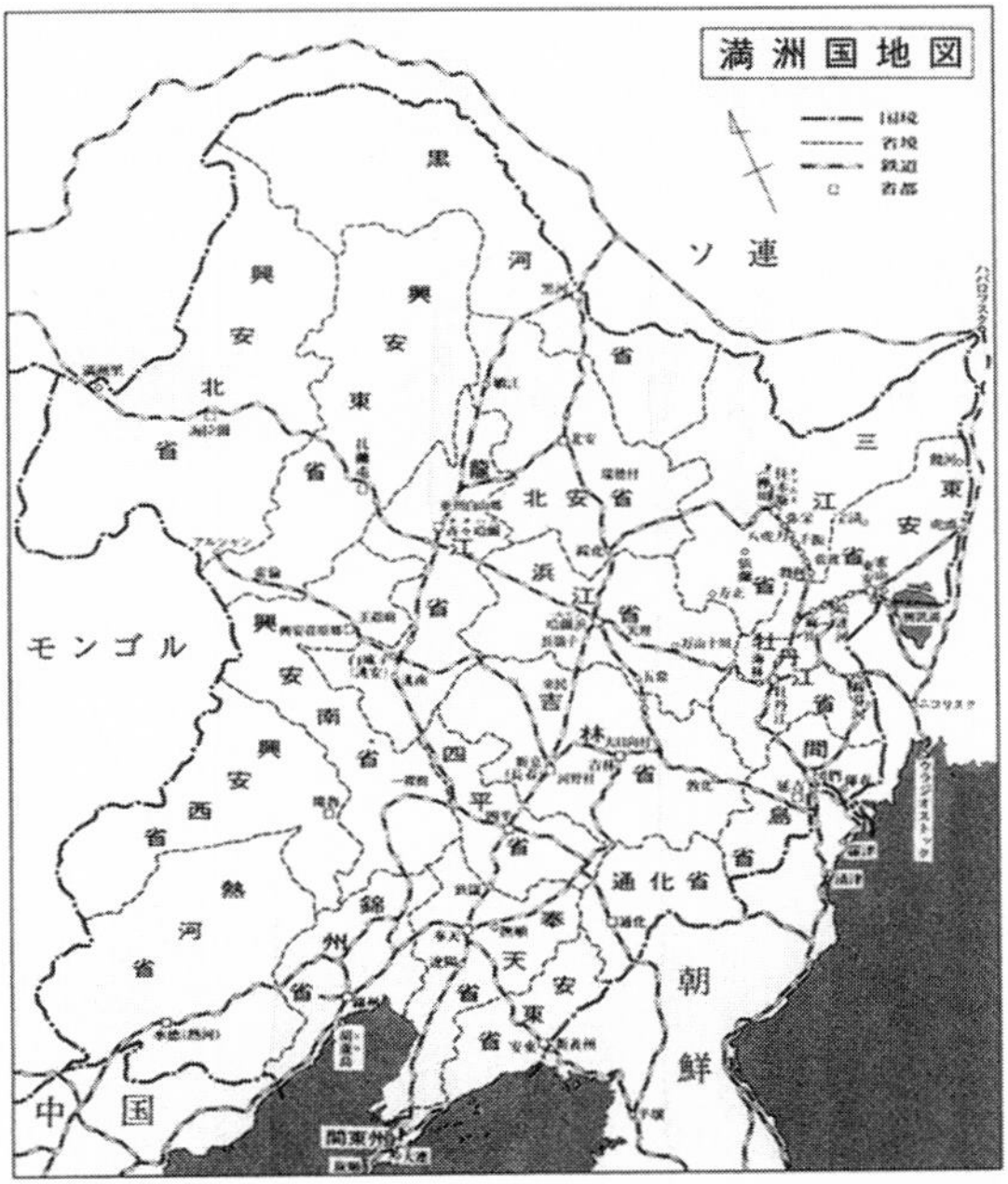

NHK 長野放送局編『満蒙開拓の手記——長野県人の記録』（日本放送出版協会，1979年）をもとに作成

〔5-1〕「満州国」の版図
出典：加藤（2017）の第1章の扉の右頁。

「満州国」建国時に関東軍は西に隣接する熱河省もその領域であると宣言していた。そして、一九三三年一月の山海関事件とよばれる謀略事件を機に、関東軍は「熱河問題は満州国の国内問題である」と強弁し、二月以降熱河省へ侵攻する。この熱河作戦での「満州国」軍の指揮官は後述する張海鵬陸軍上将であった。戦闘は三月まで続き、五月に塘沽停戦協定が日中間で締結された。熱河省は「満州国」に組み込まれ、省都は承徳に置かれた（〔5-1〕の左下）。熱河省はアヘンの産地として知られていた。熱河作戦は「満州国」の版図を西に広げて関東軍による満州支配を安定させるのみならず、莫大な財源となるアヘンを関東軍の掌中に収める意味もあった。

一九三四年一月二一日（日）一四時二六分、参謀総長の閑院宮載仁《かんいんのみやことひと》親王から杉原第七師団長に当てた暗号電報が着信した。第七師団を満州に派遣する「命令」を伝えるものであった。これが常助の運命を大きく変えることになる。電報が届いた日の一八時から二一時半までの間に参謀長をはじめ第七師団の各隊の幹部に派遣に必要な指示が伝えられた。もちろん第七師団すべてが派遣されたわけではなく留守隊もいるので、派遣部隊は杉原部隊と呼ばれた。杉原は二六日（金）に昭和天皇に拝謁している。杉原部隊の司令部は杉原師団長以下参謀長、参謀二人、副官二人、経理部長、軍医部長、獣医部長、法務部長（常助）の一〇人から構成された。

「大切に保存スベキ物也」

常助の手帳には第3章で述べたように一九一六年の

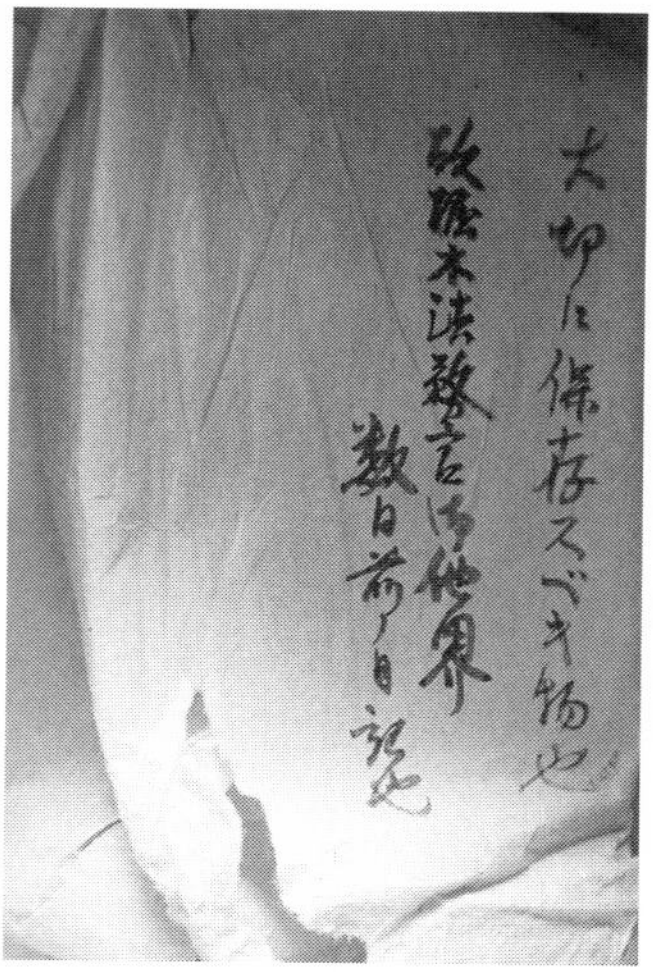

〔5-2〕手帳の包み紙

手帳のほか、一九三四年と一九三五年の手帳が現存する。この二冊の手帳を包んだ紙が下記のとおりである（〔5-2〕）。表に「大切に保存スベキ物也　故堀木法務官御他界　数日前ノ日記也」と書かれている。義次の妻・愉子《ゆう》によれば、常助の部下が現地から腹巻きに隠して持ち帰ってウタに手渡したという。

それぞれの手帳には何が書かれているのだろうか。まず一九三四年の手帳をみていく。

朝鮮殖産銀行の手帳

手帳を開いてすぐ目を引くのは、この手帳が市販されていない朝鮮殖産銀行が発行したものであることである（〔5-3〕）。

朝鮮殖産銀行とは、日本の植民地となった朝鮮に長期資金を供給するために設立された特殊銀行である。設備投資など回収に通常一年以上を要する資金を長期資金という。朝鮮殖産銀行の設立は一九一八年一〇月である。戦後になって一九五四年四月に設立された韓国産業銀行に継承された。常助が勤務した羅南にも支店がある。そこで常助は朝鮮殖産銀行とつながりをもち、手帳を贈呈さ

〔5-3〕表紙裏に掲載されている朝鮮殖産銀行の案内

れる「上客」になったのか。とまれ、その記述の分析に移ることとする。

一二月三一日（日）～一月一日（月）

西川ト年越乗リス午前三時帰ル

歌子　来ル

一月二日（火）

三人ニテ 吉村 新茶屋 上村屋ニ行ク夜帰ル

年末年始に常助は伊勢に里帰りしていた。「三人」とは常助、ウタ、そして前年九月に養子に迎えた義次にほかなるまい。「吉村」は義次の旧姓である。「新茶屋」は堀木家本家のある明星村の地名であり、現在では三重県多気郡明和町新茶屋という表記になる。吉村家は明星村下有爾《しもうに》（現在の明和町明星）にあった。常助といっしょに年越しした「西川」とはだれなのか。常助の兄に五男・金吾がいた（〔2-2〕参照）。一八七八年八月生まれである。東三右衛門の二女と結婚し東三右衛門の養子となった。一九一五年に家督を相続し名前を藤右衛門に改めている。東姓を西川姓に改めた時期と理由は不明であるが、『人事興信録第八版』（一九二八年）には西川藤右衛門として掲載されている。職業欄には「三重県多額納税者、伊勢殖産、三重出版社各（株）監査役」とある。すでに地元の名士となっていた実兄をこう記したのであろうか。

その後、一月中には日記の記載はほとんどない。常助が熱心に日記をつけはじめるのは第七師団が満州に派遣される二月以降である。

「勇躍！征途へ」

一九三四年一月三一日（水）一四時から北海道庁長官と旭川市長の共催による「北鎮部隊大壮行会」が「〇〇市民集会所」で挙行された。「〇〇」にはもちろん旭川が入るが、それを報じた二月一日付『旭川新聞』をみると伏せ字になっている。その記事によれば出席者およそ二〇〇〇人にものぼり「寿司詰めの盛況」だったという（〔5-4〕）。常助の手帳には「大壮行会」の様子は書かれていない。

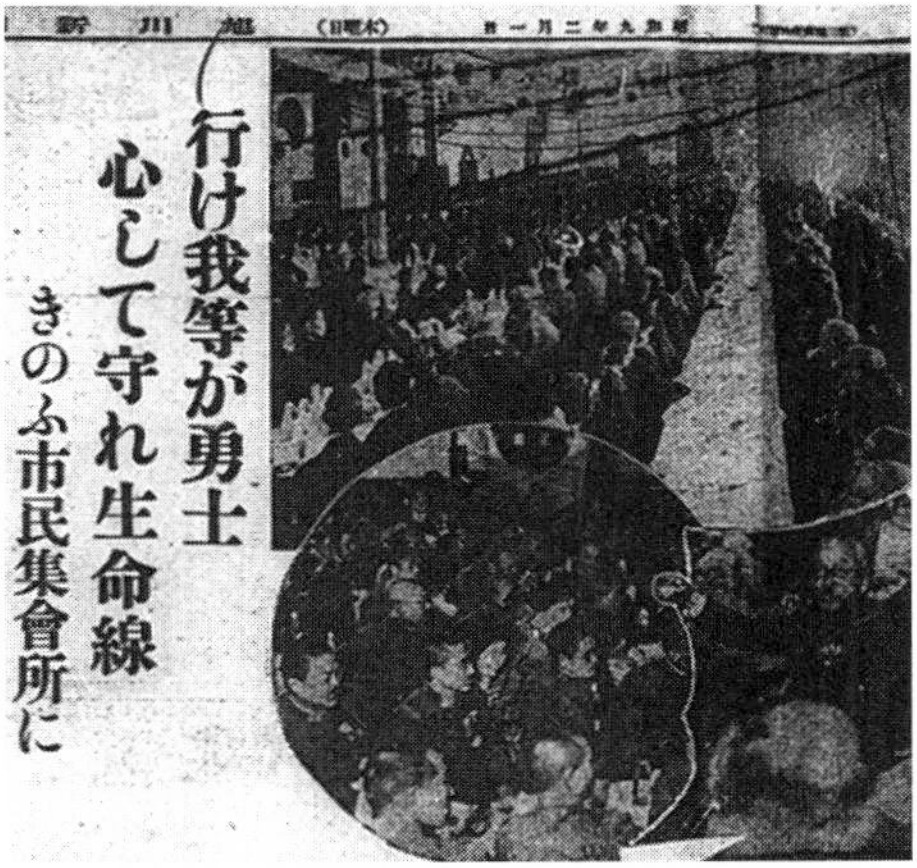

〔5-4〕「行け我等が勇士」と報じる『旭川新聞』
出典：1934年2月1日付『旭川新聞』。右下の写真は盃を挙げる杉原本部隊長。

一九三四年二月三日付『旭川新聞』六面下には第七師団の出征を祝う広告があふれている（〔5-5〕）。二件の「カフェー」（「エロス」とはすごい店名である）に加えて、「肛門病科　性病科専門」の病院が広告を出している。軍都・旭川の裏面が想像される。

杉原部隊は二陣に分かれて渡満している。第一陣（秋山部隊ほか）は二月三日（土）に旭川から軍用列車で留萌に到着した。同地に一泊してのち二月四日（日）一五時三〇分出航の「第七平栄丸」に乗船して、

〔5-5〕第七師団の出征を祝う新聞広告
出典：1934年2月3日付『旭川新聞』

〔5-6〕第七師団渡満を歓送する様子
出典：1934年2月5日付『旭川新聞』

北朝鮮・羅津に向かった。歓送の様子が記事になっている（〔5-6〕）。杉原師団長の部隊などは第二陣（杉原本部隊ほか）で四日に旭川（一部は札幌）を出発して小樽に着いた。常助は二月四日条に「小樽着」と記しているので、常助も第二陣だったことがわかる。「帯廣市長ノ住宅ニ宿泊ス（五時）／直ニ市主催壮行会ニ至ル」とも書いている。翌五日（月）第二陣は「神威丸」と「春晴丸」に分乗した。前者は一四時五〇分、後者は一五時三〇分の出航予定だった。二月五日条に「三時半出帆」とあるので、常助は「春晴丸」に乗船した。

一週間以上の長旅の末、体調不良で入院

常助は二月七日（水）に「午后十時頃清津ニ着ク」と書いている。その日は船内に一泊して翌八日（木）条に「朝八時半上陸」とある。二月九日付『東京朝日新聞』は杉原部隊長の上陸を「八日午前〇〇に上陸」と時刻を伏して報じている。記事は「直ちに〔略〕幕僚を随へ飛行機にて〔略〕午後三時半新京飛行場に到着した」と続く。常助の日記には九日（金）に「六時乗車」とあるので、飛行機に搭乗した「幕僚」に常助は含まれていなかった。

八日条は「上陸」のあとに「羅南ニ浦邉ト共ニ至ル」とある。一九一三年六月からの常助の最初の第七師団勤務時代に、常助は録事の浦邉を相手によく剣道の稽古をしていた。さらに一九二〇年五月から常助が第十九師団法務部長として羅南に赴任したときも、浦邉が常助の部下として在勤していた。これらについては上述した。録事の異動は『官報』には載らないので、その後の『職員録』で追いかけていくと、

一九二二年一一月発行の『職員録』では浦邉は竜山にある朝鮮軍軍法会議録事に異動している。羅南に在勤の常助とはここで離れた。一九二四年一〇月発行の『職員録』でも浦邉は同じ職場にいる。一九二五年二月と一九二六年二月発行の『職員録』には録事は登載されていない。一九二六年九月発行の『職員録』で録事の登載は復活するが、いずれの軍法会議にも浦邉の氏名はない。

浦邉はこの間に退職して朝鮮で再就職先をみつけたのではないか。なので清津で常助を迎えて近郊の羅南に行き、旧交を温めたのではないか。

二月九日（金）

ソレヨリ帰津六時乗車□□□門ヲ経テ図們駅ニテ満雄ニ逢フ

「ソレヨリ帰津」とは羅南で一泊して清津に戻ったという意味であろう。「六時」とは一八時のことだと思われる。『汽車時間表』一九三四年一二月号によれば、清津一八時一〇分発の満鉄北鮮《ママ》線で満州の図們へと北上し、そこから満鉄京図線で西行して新京に着く列車があるのだ。新京到着は翌日の一一時三二分である。新京（現・長春）は「満州国」の首都である。「満雄」がだれかはわからなかったが、この列車は図們に四〇分停車する。この時間を利用して「満雄」に会ったと考えられる。加えて、一九三五年二月の常助の危篤・死去に際して、図們から「ミツオ」と「アサノミツオ」がウタに打電している（前者は松阪着信二月二四日、後者は三月一二日）。これらが同一人物で常助・ウタと関わりが深かったのではないかと推察する。

一〇日（土）には「新京着、東亜ホテル」、一一日（日）「奉天着飛行機：一泊瀋陽ホテル」、一二日（月）「飛行機ニテ着錦州市ニ至ル」、一三日（火）「錦州ホテル／各挨拶廻りス」と旅程が記されている。

二月四日に旭川を発ってから一週間以上にわたる長旅である。おそらくこれが原因で常助は体調を崩す。二月一四日（水）には「熱高ク休ム　午后９．３」、二月一五日（木）に「入院ス　８．９」とある。三九度前後の高熱に苦しんでいたのだ。入院は三月一日（木）まで続いた。入院先は不明だが、入院中も左記のとおり見舞客が来たり仕事の書類の持ち込みがあったりで多忙だったようである。

二月一六日（金）
鈴木少佐来ル
二月一八日（日）
北山来ル
二月二〇日（火）
□□部長　谷閣下　獣イ部長
軍医部長、当番書類持来ル
下給品　経理部長
二月二一日（水）

当番□ル持チ来ル
二月二二日（木）
〔略〕
当番書類持来ル
6.8　7.3
二月二三日（金）
助川、角田主計来ル

「鈴木少佐」とは歩兵第二十八聯隊の鈴木啓久《ひらく》歩兵少佐のことであろう。見舞いに来たのか。鈴木はその後日中戦争、アジア太平洋戦争に出動し、敗戦時には陸軍中将に進級していた。没年は一九八二年であり九二歳で天寿を全うしている。前述の「故陸軍法務官従四位勲四等堀木常助閣下略歴」（2-3）に、常助の在満時代の勤務ぶりについて報告文を寄せている（後述）。常助と懇意であったことがうかがわれる。

翌々日にやって来た「北山」は法務部附録事の北山兵吾である。「谷閣下」は歩兵第十三旅団長の谷実夫陸軍少将である。このほか二〇日には司令部の三人いる部長が全員やってきている。「下給品」とは見舞いの品のことである。二三日には「下給品パインアップルリンゴ」、二八日には「下給品林檎」と記されている。二二日にメモされている数字は体温だと思われる。「助川」は副官の助川静二歩兵中佐に違いなく、「角田主計」は旭川衛戍病院附となっている角田勝太郎一等計手を指していよう。一等計手は兵科の下士官の最上位階級に当たる。

二月二八日（水）には「院長ト明日退院ヲ約ス」と書かれている。どうしても退院して出席しなければならない式典があった。

皇帝即位の儀式に列席

三月一日（木）

満洲帝国慶祝紀念日ニ列席、

退院、

一九三二年三月一日に「満洲国建国宣言」がなされている。二年後のこの日はそれまで執政であった溥儀が皇帝に即位している。首都・新京で皇帝即位の儀式が行われ、正式国号は「満洲国」から「満洲帝国」に改められた。従って、「慶祝紀念日」はきわめて重要な式典であり、常助はこの日にあわせて退院したと考えられる。この式典で常助は「大典紀念章証書」を国務総理大臣・鄭孝胥《ていこうしょ》（後述）から贈られている（〔5-

大典紀念章證書

茲依康德元年勅令第十九號大典紀念章條例贈與陸軍司法事務官堀木常助大典紀念章以昭盛典此證

康德元年三月一日

國務總理大臣　鄭孝胥

查此證書以第貳叁五九號記入大典紀念章簿冊

國務院總務廳恩賞處長　皆川豊治

〔5-7〕常助に贈られた「大典紀念章証書」

7〕)。

三月八日（木）には鉄道で凌源（現・遼寧省朝陽市（地級市）の管轄下にある県級市）に一四時過ぎに到着している。そして「凌源ホテルニ宿四畳計ノヲンドル部屋ニ蟻川氏ト宿ス」とある。「蟻川氏」とは獣医部長の蟻川隆敬一等獣医正である。一九〇六年に任官し、一九六七年一二月二二日に没している。

常助の日記によれば、翌九日（金）七時に凌源を発って一五時に承徳（現・河北省の地級市）に着いている。『旭川第七師団』には「第七師団司令部は、二月十一日熱河省錦県に到着し兵力部署を行なったのち、三月九日承徳に到着した」とある（示村 1984：124）。常助の旅程と一致する。熱河省の省都である承徳に師団司令部は置かれた。

三月一二日（月）には「西閣下各部長ヲ飛行場ニ見送ル」とある。「西閣下」とは西義一陸軍中将を指している。西は一九三一年八月に第八師団長に補され、一九三二年四月に第八師団の主力部隊とともに満州に渡っていた。書類上は一九三四年三月五日付で第八師団長を免じられ、東京警備司令官に転任していた。

東京警備司令部は、一九二三年九月一日の関東大震災の発災の翌々日に設置された関東戒厳司令部の後継組織である。戒厳令施行の根拠となっていた大正一二年勅令第三九八号および第三九九号、さらに関東戒厳司令部条例は同年一一月一五日でようやく廃止された。代わって同日に東京警備司令部条例が公布され翌日に施行されたのである。東京警備司令官は天皇に直隷した。

すなわち、戒厳のため臨時的に設置された組織が設置目的の達成により廃止されたものの、常設の後継組織へと「焼き太り」したことになる。東京とその周辺の警備を担うとの理由が持ち出された。「いかにして作ってしまった組織を継続させるかの理由を、ああだこうだと理由をこじつけ、いかに組織防衛をするかに血眼になって」しまう組織慣性は、今に至るも変わらない（宮越 2016：87）。

八甲田山遭難事件とレルヒのスキー指導

西中将は東京警備司令官在任中の一九三四年一一月二八日に大将に進級する。一九三六年三月五日付で教育総監にまで栄進した。教育総監は陸軍大臣、参謀総長とともに「陸軍三長官」といわれる最要職ポストである。その西が師団長を務めた第八師団といえば、一九〇二年一月の八甲田山遭難事件を逸するわけにはいかない。不可避とみられた対露戦を想定した寒地作戦の訓練として、第八師団の歩兵第五聯隊（青森）の雪中行軍隊が八甲田山麓を行軍した。その途次に猛吹雪に襲われ一九九人が死亡するという大惨事となった。世界最大の山岳遭難事故といわれる。

これに懲りた陸軍は雪中の移動技術としてスキーに注目する。一九一〇年一一月にオーストリア・ハンガリー帝国のテオドール・エドラー・フォン・レルヒ少佐が軍事視察を目的に来日する。レルヒ自身は「日露戦争の経験にもとづいた軍事教育を研究し、これに関しての報告をするためであった」（レルヒ 1970：11）と書いている。これに従う限り、スキー技術の伝達はレルヒの任務ではなかったようだ。ただ、レルヒは「スキーに格別の情熱をもっていたスキーヤー」であり（同前：78）、二組のスキーを携行してきた。陸軍の関心に沿っていた。

一九一一年一月一日付でレルヒは陸軍省から、新潟県高田（現・上越市）の第十三師団歩兵第五十八聯隊への配属を命じられる。事前にレルヒはスキーを楽しむことを念頭に多雪地域の配属を希望していた。それが容れられ高田衛戍地が指定されたのである。前年一二月一七日付で陸軍省は第十三師団当てにレルヒの派遣と彼によるスキーの実地講習を旨とする通知を出している。実際にレルヒが高田に到着したのは一月五日である。

レルヒが第五十八聯隊の隊長である堀内文次郎歩兵大佐にスキーの話をしたところ、堀内は「多大な関心」を示した。それもそのはずで、第十三師団長の長岡外史陸軍中将は一九〇二年の北欧視察でスキーの知識を得て、すでにその高い利用価値を認めていた。そして、先の陸軍省通知でレルヒが高田に来ることを知った長岡は、さっそくスキー研究委員会をつくり堀内をその委員長に命じたのである。

〔5-8〕旭川空港前に建つレルヒ中佐の銅像
2022年3月29日・筆者撮影。
旭川空港到着ロビー出入口を出てやや左手にある。碑文には「日本スキー技術の黎明　かれありてなる　われら永遠の師　その名こそ　テオドール・フォン・レルヒ」と書かれている。その下に、建てられたのは1990年9月15日とある。

一月八日にはレルヒのスキーを見本として製作されたスキー一〇台が、東京の工廠から届けられた。そこでレルヒは一月一二日に第一大隊雨覆練兵場で一本杖によるスキー指導を行った。レルヒはその後約二か月三四回にもわたるスキー講習を行うのである。これをもって日本におけるスキー発祥とされる。レルヒは一年あまり高田に滞在し、その間の九月には中佐に昇進した。一九一二年二月六日にレルヒは旭川の第七師団野砲兵第七聯隊付となり、旭川に赴任する。ここでもレルヒはスキー指導を行った。旭川空港を出るとレルヒ中佐の銅像が迎えてくれる（〔5-8〕）。

レルヒは同年一〇月まで滞在していた。翌年六月に常助が法官部部員として旭川にやってくる。

熱河避暑山荘の主殿・紀恩堂

三月一五日（木）
憲兵隊長来ル
三月一六日（金）
伊田閣下谷閣下ト会食アリ（紀恩堂）
家ヨリ手紙来ル出ス浅山へ報告ス
憲兵

当時の承徳憲兵隊長は谷本邦夫歩兵少佐である。翌一六日にも「憲兵」、さらに六月一七日（日）に「谷本隊長会食」、六月二九日（金）にも「憲兵隊長会食」と出ている。師団の治安状況について、憲兵隊長との意見交換は欠かせなかったに違いない。前述の小川関治郎が告発した「言語ニ絶ス」るような「恥ズベキコト」をここでも皇軍が犯したのであろうか。

三月一六日条に登場する「伊田閣下」とは歩兵第十四旅団長の伊田常三郎陸軍少将である。「谷閣下」は上記の入院中の常助を見舞った谷実夫陸軍少将を指している。常助はこの二人と翌日も昼食をともにしている。ちなみに、「紀恩堂」とは清朝・乾隆帝時代に建てられた皇家園林「熱河避暑山荘」の主殿である。その後も常助は要人との会食などで紀恩堂を利用している。七月二一日（土）には「憲兵分隊長会議ニ紀恩堂ニ至リ講演ス後会食」とある。

スウェーデンの地理学者であり探検家のスウェン・ヘディンは、一九三〇年六月二五日に北京を出発して三日をかけて承徳に入った。それから約一〇日間承徳を調査している。そして、『熱河―皇帝の都』と題した旅行報告書を刊行した。ヘディンは乾隆帝在位の六〇年間（一七三五～一七九五）を熱河の黄金時代だと指摘している。その上でこう続ける。「当時中国は平和な一時期を迎え、皇帝はそのすべての時間を熱河の避暑山荘を飾り立てることに費やしていた。それまでの中国に見られなかったように豪華に装飾された新しい宮殿や園亭が庭園の池のまわりに次々と建てられていた」（ヘディン　1978：173）。

軍事郵便

三月一六日条には「家ヨリ手紙来ル」とも記されていた。四月九日（月）には「手紙出ス」、四月二〇日（金）に「留守宅ニ手紙出ス」、五月三一日（木）に「留守宅ニ手紙」、六月七日（木）に「家及坂口手紙出ス」、六月二二日（木）に「家、奥田、高橋、手紙来ル」、七月四日（水）に「家ニ□手紙出」、一〇月四日（木）に「手紙来ル家ヨリ来ル」、翌日（金）に「手紙（家出ス２ツ）」、一〇月一三日（土）に「家ニ手紙出ス」、一〇月三一日（水）に「家手紙」、一一月三日（土）に「川村、家、其他手紙来ル」、一一月二九日（木）に「家ヨリ手紙来ル」などと、留守宅との手紙のやりとりが頻繁に記録されている。

一九三一年の満州事変の「拡大」にともない、満州派遣軍の発着郵便物は同年一一月一三日から軍事郵便として取り扱われることになった。すなわち、同日に逓信省は告示第二二六三号を発して「明治三十七年二月勅令第十九号ニ依リ今回ノ満州事変ニ対スル軍事郵便ノ取扱ヲ開始ス」としたのである。これにより派遣軍から差し出される郵便物は無料となり、日本から派遣軍に郵便物を送る場合の料金は日本国内当ての料金と同一とされた。無料である前者はもちろん後者も郵便料金としては赤字に相違ない。「損失補塡」は公的につけ回しされるのだ。前線の士気高揚と銃後の慰撫のための「必要経費」というわけか。時の逓信大臣は小泉純一郎元首相の祖父の小泉又次郎であった。

軍事郵便の歴史は当然ながら戦争の歴史と重なる。日清戦争開戦の約一か月半前の一八九四年六月一四日付で明治二七年勅令第六七号が出された。それは「戦時若クハ事変ニ際シ海外ニ派遣スル軍隊、軍艦、軍衙其ノ他軍人軍属ヨリ発スル郵便物ハ〔略〕軍事郵便物トシ其ノ郵便税ヲ免除ス」と定めていた。これに基づき、日清戦争時には一二三九万通を超す軍事郵便が戦地と内地を行き来した。続いて、一九〇四年二月五日に対ロシアの作戦開始命令が下されたのと同日に、明治三七年勅令第一九号「軍事郵便物ニ関スル件」が公布・施行された。上述の逓信省告示を根拠としたものである。一方で明治二七年勅令第六七号は廃止された。

この勅令第一九号は第一条で軍事郵便物の対象を明確化・拡大した。第二条では戦地などにいる軍人・軍属から発せられた「軍事郵便物ハ其ノ料金ヲ免除ス」とされた。第三条は反対にこうした軍人・軍属に当てた軍事郵便物には「料金完納」を求めていた。日露戦争中の軍事郵便物の数は、四億五九一二万余りにも達することになる。

「満州国」建国後は、同「国」において一九三三年三月二二日に大同二年教令第一八号「軍事郵件ニ関スル件」が公布された。これで「満州国」軍にも明治三七年勅令第一九号に準じた軍事郵便制度が取り入れられた。また、同日に大同二年教令第一九号「軍事郵件ノ取扱ヲ本邦駐屯日本陸海軍ニ於テ発送又ハ接受スル郵件ニ準用ノ件」も公布された。陸軍法務官である常助は日本陸軍の軍属であるから、この制度を利用して手紙を書き送ったはずである。

日本と「満州国」間の一般郵便については、一九三五年一一月に「満洲国日本国間郵便業務に関する条約及び同条約に基づく業務協定」が結ばれた。これに基づき、日本と「満州国」間の郵便物は国内料金とほぼ同額となった。かくして郵便関係における「日満一体」が実現された。

手紙を書くにはペンとインクが必要になる。一九四〇年一〇月から朝日新聞社が『航空朝日』というタイトルの月刊航空雑誌を発行する。そこに大阪の澤井商店による「ムッソリーニペン」「クラウン万年筆」、のちには「王冠インキ」を加えた一頁の大型広告が掲載される。ペン先を「ムッソリーニペン」と名付けたのである。広告には前線の兵士や銃後の女性たちがペンを走らせ手紙を書いている写真あるいはイラストが配されている。後者には「慰問文をおくりませう　銃後の真心をこめて　前線の兵隊さんへ」との広告文が付されることもあった。この一面広告は一九四二年九月号を除いて、一九四三年一月号（一九四二年一二月発売）まで毎号載っている。

張海鵬将軍、李守信長官との会食

三月一二日（木）には「古川法務官ヲ送ル」とある。古川法務官とは古川清一陸軍法務官で、一九三〇年一二月から関東軍軍法会議法務官に補されていた。関東軍司令部は旅順にあった。先立つ三月一九日（月）には「古川法務官ヨリ電報」、三月二〇日（火）には「午后四時二六着」とだけある。これは古川法務官の到着時刻を記したものと思われる。

このころ、常助は盛んに歓迎の祝宴に出席している。三月二五日（日）「官民主催七師団ノ歓迎」、四月二日（月）「警備隊顧問部ノ萬里ニ於ケル招宴出席（主人岡中佐）」、四月四日（水）「張海鵬将軍ノ招宴」と記録されている。そして、四月五日（木）には「禁酒ノ為カ飯ヲ食フコト多シ」と書かれている。祝宴が続いて、さしもの常助も堪えたということであろうか。

「張海鵬将軍」とは「満州国」の元勲といわれた軍人である。遼寧省出身かつ馬賊の出身で張作霖の盟友であった。満州事変に当たっては日本軍の側に付いて戦った。「満州国」建国とともに陸軍上将にのぼり、一九三三年の熱河作戦でも軍功を挙げた。その後熱河警備司令官に任ぜられる。一九三三年五月に熱河省の統治が民政移管されるにともなって、張は熱河省長に就任した。この「招宴」当時もそのポストにあった。やがて「満州国」崩壊、中華人民共和国成立の後、北京で捕まり漢奸反国罪で処刑される。

四月六日(金)には「多倫李守信中将ト会食(紀恩堂)」とある。多倫とは「ドロン(Duolum)」と読み、現在の内モンゴル自治区にある都市である。当時は熱河省の西に隣接する察哈爾《チャハル》省に属していた。

前述の熱河作戦ののち、一九三三年四月に承徳に特務機関が置かれた。機関長は松室孝良騎兵大佐であった。松室は当地の馬閥出身でモンゴル人の李守信が率いる軍を謀略部隊として「活用」する作戦を開始する。李守信軍は満州事変で関東軍と交戦したものの、すでに関東軍に帰順していたのである。特務機関については第6章第1節で説明する。

興安遊撃師に再編された李守信軍は五月末までに多倫を攻め落とした。六月一一日には多倫特務機関が設置される。機関長には浅田彌五郎砲兵少佐が就いた。七月に抗日同盟軍が多倫を奪い返したものの、八月に李守信軍が再びそれを排除する。その後多倫を首都とする察東特別自治区が樹立される。ここは中華民国にも「満州国」にも属さない特殊行政地域だった。もちろん同地区政府は実質的には「満州国」の影響下にあり、日本の傀儡政府にほかならなかった。李守信は察東特別自治区行政長官に就任した。興安遊撃師は察東警備軍に改称されその司令も李長官が務めた。その李が翌年四月に承徳に来て常助らと会食したのである。

この間に多倫の特務機関長は浅田から宍浦直徳砲兵大尉に代わっていた。日中戦争期になると李は蒙古聯盟自治政府副主席次に、さらに蒙古軍総司令長官兼蒙古聯合自治政府参議府議長へと栄進した。一九四一年六月からは蒙古聯盟自治政府副主席兼蒙古軍総司令を務めて敗戦により自然退官となった。

戦後も李守信はモンゴル自治運動のために戦うが内蒙古で人民解放軍に包囲され、モンゴル人民共和国への帰順を余儀なくされる。しかしそれはソ連から警戒されたため、李は中国に強制送還される。そして一五年にわたる獄中生活を送ったのち、一九六四年一二月に特赦により釈放された。一九六六年の文化大革命の発動により内モンゴルが「キリリング・フィールドと化していた」さなか、李は一九七〇年五月に死去する。

検察官として精勤する

ところで、「故陸軍法務官従四位勲四等堀木常助閣下略歴」〔2-3〕に掲載されている「第七師団高級副官鈴木啓久殿ヨリノ報告」には、満州時代の常助の精勤ぶりが以下のとおり記されている。

第七師団法務部長トシテ克ク師団長ノ意図ヲ奉シ参謀ヲ遺憾ナカラシメタリ。／又各隊並憲兵分隊ニ対シ機会アル毎ニ捜査事務等法務ニ関スル指示ヲ為シテ機宜ノ処置ヲナサシメ尚犯罪状報ヲ作製シ配付シテ犯罪予防ニ資スル等極力軍秩序維持ニ努力シ〔略〕師団軍法会議上席検察官トシテ次席検察官ヨリノ事件ノ処理ニ付意見ノ報告アリタル時ハ其都度当該事件ノ原因動機等ヲ精査シ師団長ニ適切ナル意見ヲ具申シ迅速且適切ニ処理セシメ軍紀ノ確立ニ務ム／又関東軍々法会議検察官トシテ左ノ業務ヲ遂行セリすなわち、常助は朝鮮軍軍法会議における職務と同様に第七師団軍法会議でも検察官の職務を命じられていたのである。加えて、関東軍軍法会議法務官を兼任し同じく検察官を務めた。鈴木によれば、常助は一九三四年四月一日から同年一二月三一日までの間、一一件一七人の事件を受理したという。業務上過失致死事件や詐欺贓物事件など「錯雑シタルモノ多カリシモ連日熱心ニ精励シ迅速周到ニ捜査ヲ遂クル」と鈴木は記した。この報告を寄せた時点の鈴木は、第七師団副官部の筆頭副官で歩兵中佐だった。一九四五年四月三〇日には陸軍中将に進級している。

恤兵という戦時版官製クラウドファンディング

四月一〇日（火）

事務室ヨリ□体ノ□宿舎ニ持チ行ク北山来ル、慰問員（恤兵部）

恤兵《じゅっぺい》とは戦地の兵士に金銭や品物などを送って慰問することである。その事務を陸軍で取り扱う部署が陸軍恤兵部だった。最初に設置されたのは日清戦争開戦直前の一八九四年七月一七日のことである。同日付で陸軍省告示第八号が出された。「陸軍省ニ陸軍恤兵部ヲ置キ恤兵ヲ主旨トスル結社団体並ニ寄贈ノ軍需品及献金等ニ関スル事務ヲ取扱ハシム其献金及寄贈品ノ取扱手続左ノ通定ム」として詳細な「取扱手続」が決められた。この制定にあわせて七月二〇日付『読売新聞』は「恤兵部の設置に就て同胞の愛国心に訴ふ」と題した社説を掲げた。「若し愈々開戦と決せんか、国民折角の慰問品も或ハ輸送し得ざることあらん、此際恤兵の志ある者焉《いずく》んぞ寸時も躊躇すると得んや」と開戦前の恤兵をよびかけている。

恤兵部のトップを恤兵監といい、「初代」恤兵監には大蔵平三騎兵中佐が就いた。大蔵はのちに軍馬補充部本部長となり陸軍中将まで進級した。日清戦争後も戦地に留まった兵士もいたため、一八九五年一二月一〇日まで陸軍恤兵部は業務を続けた。一二月六日までの献金献品の総額は、二一八万二七七五円八〇銭、三万三二八四件であり、献金者総数は四五万一七三八人に達した（一八九五年一二月八日付『東京朝日新聞』）。さしずめ戦時版官製クラウドファンディングである。一八九七年四月一〇日にその部署は正式に廃止された。

日露戦争開戦直後の一九〇四年二月一一日に陸軍恤兵金品取扱規程（陸軍省告示第四号）が定められ、同年三月二二日に陸軍恤兵部条例（明治三七年陸達第六五号）に基づき、陸軍恤兵部が再び開設される。同第一条は「陸軍恤兵部ハ戦時又ハ事変ニ際シ陸軍大臣必要ニ応シ之ヲ設置ス」と定めた。恤兵監は林太郎歩兵大佐だった。林はその後歩兵第三十三旅団長までになりやがて陸軍中将に進級している。日露戦争中に陸軍恤兵部に当てて一三三万一二〇二円五二銭九厘の献金と五万八六九九件の献品があった。（押田２０１９：63）一九〇五年九月五日のポーツマス条約締結ののち、一九〇六年二月二三日付で陸軍恤兵部は閉鎖された（陸軍省告示第三号）。「但シ閉鎖後同部ノ業務ニ関シ交渉ヲ要スルトキハ陸軍大臣官房ニ申出ツヘシ」と付言されていた。

満州事変を受けて一九三二年一月一四日に陸軍恤兵部が先の条例を根拠にみたび設けられた（陸軍省告示第三号）。上記の大臣官房では対処しきれなくなったためである。この告示により「陸軍恤兵ニ関スル事務ヲ陸軍大臣官房ニ於テ取扱フ」とした一九三一年九月二九日付の陸軍省告示第三〇号は廃止された。一九三二年一月一五日付『読売新聞』は、これについての「陸軍当局談」を伝えている。「従前恤兵の件は大臣官房で取扱つてゐたが、部外の同情が非常に深甚でその始末も日増に繁忙を加ふる一方」である。しかも満州事変の拡大は「戦争の場合とも匹敵すべき次第であるから、恤兵の事務をして弥が上にも完全を期したいといふ見地から今回恤兵部の独立的設置を見た次第である」。恤兵監には人事局恩賞課長の中井良太郎歩兵大佐が兼任で就き、ほか大尉二人・主計三人の計五人で恤兵部員を構成した。中井もやがて陸軍中将へと進級する。

当初は「恤兵金品の洪水」といわれるほど多くの慰問物品が寄せられた。とはいえ、「満州における事態も漸次平時状態に復帰し来れると共に最近恤兵部の事務も著るしく減少して来た」。これを理由に一九三四年八月一日から陸軍恤兵部は機構を縮小し、その事務は陸軍省官房へ移管された（陸軍省告示第三二号、これにより上記の一九三二年の陸軍省告示第三号は廃止）。その間の慰問物品の総点数は四四三五万二六七九点で、献金総額は五五四万円に及んだ（一九三四年七月二〇日付『東京朝日新聞』夕刊）。

さらに、一九三七年七月の盧溝橋事件から二か月が過ぎた段階で、陸軍には国防献金と恤兵金あわせて一〇〇〇万円以上が寄せられた。こうした「国民銃後の熱誠」に対応するため、九月一一日付で陸軍省内に四度目の恤兵部が先の条例に基づき設けられることになる（陸軍省告示第三八号。これにより上記の一九三四年の陸軍省告示第三二号は廃止）。恤兵監にはやはり恩賞課長の及川源七歩兵大佐が兼任した。及川も最後の階級は陸軍中将である。陸軍大臣官房恤兵係は陸軍恤兵部へと名称変更された。それまで陸軍省告示を発して設置と廃止が繰り返されてきた陸軍恤兵部は、一五年戦争中は陸軍省の常設の組織となり、敗戦まで存続することになる。

常助に届いた慰問袋

常助にとっても慰問団の来訪や慰問袋の到着はうれしかったに違いない。一九三四年の手帳には四月一〇日のほか、二月二三日（金）に「日本亭慰問来ル」、四月一五日（日）に「中学生慰問」、四月一七日（火）に「慰問袋」、四月二九日（日）に「慰問袋配給」、五月一七日（木）に「慰問袋来ル」、七月二二日（日）に「慰問品来ル」と記されている。手帳の末尾にある「電話番号　住所　氏名」欄には、慰問袋がどこから届いたかがメモされている。たとえば、「石川県能美郡下大杉尋高小学校」とあり、その下に六人の児童の氏名が書いてある。石川県の小学生がつくった慰問袋がはるばる満州の常助の手元に着いたことがわかる（〔5-9〕）。

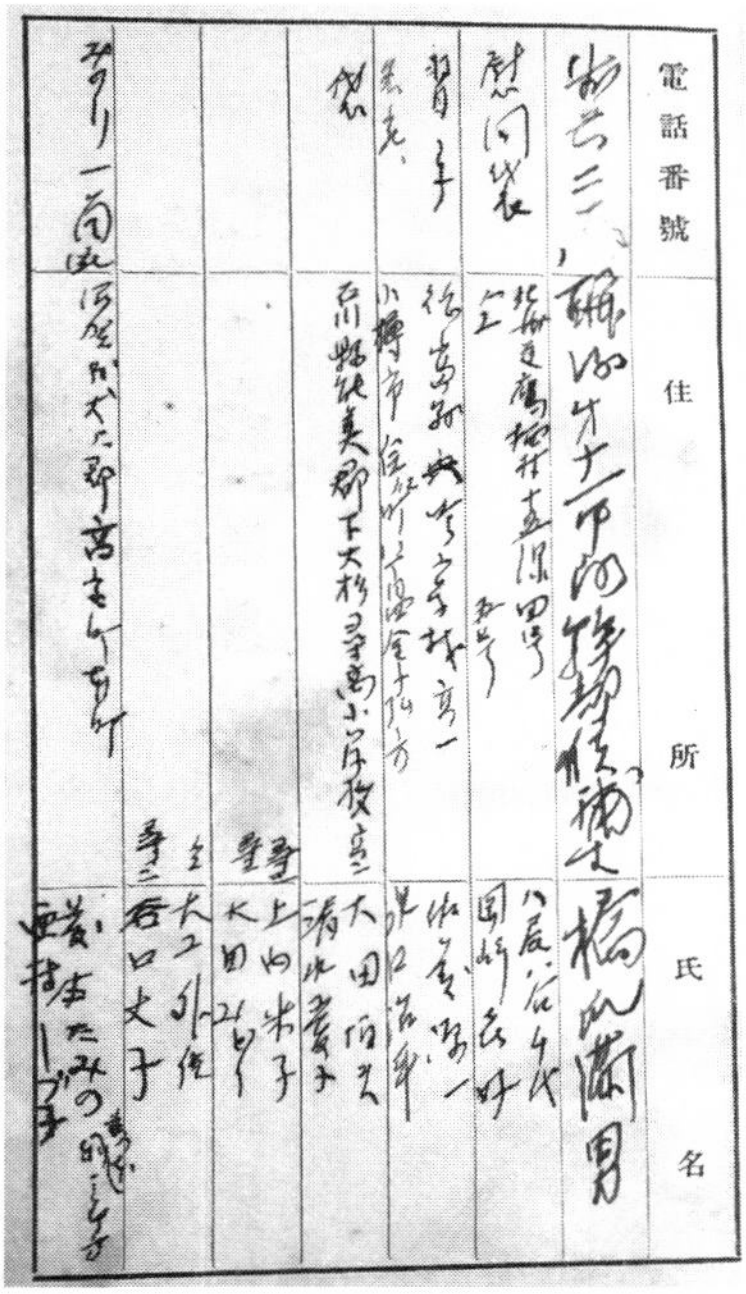
電話番號　住所　氏名

〔5-9〕常助の慰問袋受け取りメモ

一九三五年三月九日付『北海タイムス』夕刊には、留守隊として旭川に残り第七師団恤兵部長を務めた平田重三陸軍少将の談話が載っている。それによれば、「本年二月末までに師団恤兵部及び各聯隊区恤兵部を通じ寄贈を受けた恤兵金総額は四万二千二百余円に達した」という。寄贈品については「派遣将兵の最も喜ぶ慰問袋が二万三千余個、絵葉書一万二千組、御守八千体、清酒四石八斗六升、朝日九万七千三百余個」であった。「朝日」とは当時のたばこの銘柄である。見出しは「銃後道民の溢る丶赤誠」と打たれた。

平田は一九三二年八月から翌年二月まで、旭川から派遣された混成第一四旅団の旅団長として在満していた。留守隊勤務のあと一九三五年八月一日付で待命、同月二八日に予備役に入った。

第６章　満州勤務の日々（Ⅱ）―アヘン・満州航空・国葬

第１節　アヘンに支えられた「満州国」

アヘンと岸信介

四月一二日（木）
〔略〕阿片ノ成田起訴ノ旨師団長ニ報告ス（三年以下）

繰り返すが、常助は満州では検察官の職務を命じられていた。「阿片ノ成田」に対して「三年以下」の求刑をすることを、師団軍法会議の長官である師団長に事前に具申したのであろう。

「満州国」はアヘンを禁圧することなく専売制にしていた。その上で登録した者に限り販売を許可していたのである。とはいえこれは形骸化していて、登録の有無にかかわらず販売されていた。アヘン吸引の中毒性は指摘するまでもない。「満州国」の開墾地でアヘンの原料となる芥子の実が栽培され、採取されたアヘンが「満州国」民に事実上無制約に専売された。専売であるからアヘンは「満州国」に巨額の利益をもたらす。一九三六年度のその額は「満州国」の全歳入の五・〇%に当たる一三三一万円にも及んだ（江口 1988：47）。そして熱河省は内蒙古と並んでアヘンの有力な産地であった。財源としてアヘンに注目した関東軍にとって、熱河作戦は不可欠だったことは前章でも述べた。

戦後首相となる岸信介は、一九三六年一〇月七日付で商工省工務局長を依願免官となり「満州国」実業部総務司長に就任して渡満する。翌年七月には産業部（実業部から改称）次長に昇格する。次長の上の大臣には中国人が充てられた。もちろん「満州国」は日本の傀儡国家であるため、実権を有していたのは次長であった。これを明文化しているのが、一九三三年八月に閣議決定された「満洲国指導方針要綱」にある次の文言である。「満洲国ニ対スル指導ハ関東軍司令官兼在満帝国大使ノ内面的統轄ノ下ニ主トシテ日系官吏ヲ通シテ実質的ニ之ヲ行ハシムルモノトス」。これを関東軍による「内面指導」とよんだ。そのシステムの中で、岸は「満州国」の経済政策の最高責任者に収まったのである。ただ、岸のこうした「表」の顔に対して「裏」面においてはアヘン政策を取り仕切っていたといわれる。

アヘンと大平正芳

やはり戦後首相にのぼりつめる大平正芳は、大学卒業後の一九三六年四月に大蔵省に奉職した。ところがその三年後の一九三九年五月に時の大蔵次官・大野龍太に口説かれて、興亜院に出向し蒙疆連絡部経済課主任として張家口に赴任する。張家口は現在では河北省に属するが、当時は日本軍が成立させた察南自治政府の首都であった。そこから内蒙古や満州にも出張している。すでに一九三七年七月に盧溝橋事件を契機として日中両国は全面戦争に突入していた。興亜院は日中戦争下での対中国中央機関で内閣に設置された。張家口にも連絡部が置かれていたのである。張家口が位置した蒙疆地方は農業地帯で芥子も主要産品であった。日本政治外交史を専門とする福永文夫は大平の伝記に次のように書いている。

大平が着任したときにはすでに満州国から専売局職員約三〇名が赴任し事業を展開していたが、大平が職務としてアヘン政策に関わったことはたしかである。しかし、この仕事は、大平にとって決して愉快なものでなく、彼自身書き残すことはもちろん語ることすらなかった。女婿森田一によると、ただ一言「嫌だった」と漏らしたことがあるという。（福永　２００８：40）

その森田は大平を回想するインタビューの中で「大平は、張家口の嫌な思い出があるものですから」と述べている（森田　２０１０：32）。「張家口の嫌な思い出」の過半はアヘン政策への関与ではなかろうか。あるいは、一九七二年九月の日中国交正常化は田中角栄首相の功績とされている。しかし、むしろ積極的に推し進めたのは外相の大平であったらしい。同年七月に首相に就いたばかりの田中は、それをいつ行動に移すか迷っていた。九月上旬に大平は首相官邸に乗り込んで田中に最後の決断を迫った。田中内閣組閣の夜に田中と大平に呼ばれた橋本恕《ひろし》外務省中国課長は、当時の印象を「大平さんは、中国に対する一つの深い贖罪感のようなものをもっていたのではないか」と語っている（福永　２００８：１６７）。ここにも、アヘン政策への関与が大平の痛恨の記憶として残っていることがうかがわれる。

師団長送迎などで多忙をきわめる

四月の常助の手帳をみると、杉原師団長は頻繁に出張している。四月九日（月）「師団長灤平視察」、四月一六日（月）「（古北口）師団長巡視ノ為飛行機ニテ錦州ニ出発見送ヲナス」、四月二五日（水）「師団長出発見送7．30」。飛行機による出張の場合、常助はじめ部下は飛行場まで出発を見送り、帰りも飛行場で出迎えるのが慣例であったようである。四月二一日（土）「師団長ヲ飛行場ニ迎フ」、四月二六日（木）「師団長帰国出迎8．30」。一九三三年三月に前出の熱河作戦に際して承徳と偏嶺（現・承徳市灤平県平坊満族郷偏岭村）の中間に飛行場が設けられた。軍用定期航空が開始され、後述の満州航空の地上勤務員が置かれた。だがそこは土地不良であったため、同年夏に偏嶺方面の「支那兵営」があった地に移転した。常助は一九三四年五月二九日（火）に「師団長初夏巡視ニ随行偏嶺飛行隊ニ至ル元支那軍飛行聯隊ノ所在地ナリ」と記している。

また、検察官としての仕事も多忙であった。四月一七日（火）「軍ヨリ矢沢ノ再調査ノ照会来ル」、四月一八日（水）「傷害事件ノ送致書来ル平野及特ム曹長ヲ取調ブ」、四月一九日（木）「（略）祖父江少佐来部傷害事件」、四月二〇日（金）「田島、□、中林、竹澤ニ事件ノコト手紙出ス」、四月二六日（木）「（略）祖父江分隊長ニ強盗事件ノ取調ヘノ為書類ヲ渡ス」。

「特ム曹長」つまり特務曹長とは各兵科に置かれた階級で、少尉の下で下士官の最上位である曹長の上に位置した。一九三七年二月から准尉に改称される。祖父江少佐とは祖父江儀一憲兵少佐を指している。

このときは分隊長であったが、一九三六年三月には承徳憲兵隊長になる。満州事変勃発後の一九三二年六月からは関東憲兵隊は陸軍大臣⇩憲兵司令官の指揮下から離れて、関東軍司令官の管轄下に置かれた。関東軍司令官⇩関東憲兵隊司令官⇩各憲兵隊長⇩各憲兵分隊長という指揮命令系統になった。すなわち、陸軍大臣の統制が及ばないのである。「関東軍は日本の満州経営上いっさいの権限を握った」と指摘される。それはこうした点にも現れていた。

帝国在郷軍人会

四月一五日（日）

各部長ト共ニ在郷軍人総会ニ臨ム

在郷軍人とは兵営で一定期間訓練を受けた者が除隊後に予備役に編入された者、さらには後備兵役などに進んだ者をいう。平時は生業に就いているが、有事には必要に応じて召集される。将校から兵士にいたる彼らを糾合した全国組織が帝国在郷軍人会であった。それはまず陸軍の在郷軍人の全国組織として一九一〇年一一月に創設された。一九一四年に海軍の在郷軍人がこれに加わった。一九二五年には規約を大きく改めて、半官製の軍部の外郭団体としての性格を明確にした。さらに、大正デモクラシーの影響下にあって、この改正で決議機関である評議会に代議制が取り入れられた。当時で総会員数は約三〇〇万人であった。

この帝国在郷軍人会は「満州開拓」を介して満州と深く関わることになる。満州事変の翌年の一九三二年から「満州開拓」の名の下に満州への国策移民がはじめられた。それは第一期（一九三二～一九三六）の試験移民期、第二期（一九三七～一九四一）の本格的移民期、そして第三期（一九四二～一九四五）の移民崩壊期に区分される。試験移民期の移民は武装移民であった。計画当初の時期には依然として抗日武装集団（関東軍のよび方では「匪賊」）が各地に「横行」している状態であった。そこへ丸腰の農民を移住させることは当然ながら時期尚早とみられた。一九三二年一月に最初の満蒙移民計画として「満蒙移植民事業計画書」が発表された。そこでは移民募集について「在郷軍人を主体として全国的に募集する」と書かれていた。移民事業を管轄する拓務省と関東軍の兵力不足を補いたい陸軍省は、移住者を在郷軍人から選定することで思惑が一致していたのである。

このころ帝国在郷軍人会は満蒙調査課を一九三二年三月に設置するなど、満州問題への関わりを深めていた。よって移民募集の窓口的役割を担っていくことになる。同年八月一六日に、拓務省が計上した「満蒙試験移民費」二〇万七〇〇〇円を含む時局匡救予算案が閣議決定された。この予算案は八月二二日に召集された第六三回帝国議会（臨時会）に提出され、三一日に衆議院本会議で、続いて九月二日に貴族院本会議でそれぞれ可決され、翌日に公布された。

予算成立を見越して、九月一日から第一回の募集がはじまり、在郷軍人分会長と府県知事が人選にあたった。ついては、「新進気鋭の在郷軍人」から移住者が選ばれたのである（一九三二年八月二五日付『東京朝日新聞』）。携行する兵器は騎銃五〇〇、機関銃九などとの取り決めもなされた。渡満した彼らは土地買収をめぐって不満を抱える現地民たちのただ中に置かれた。一九三四年二月には抗日武装集団が蜂起し、翌月一〇日には彼らを説得するために現地に赴いた松江歩兵第六十三聯隊の飯塚朝吉聯隊長らが惨殺された。これらはその地名をとって土竜山事件とよばれる。移民団もしばしば襲撃された。

常助の手帳の三月一一日（日）条には「夜宿舎ニテ打合ヲナス」とだけ書かれている。土竜山はいわゆる北満の地にあり常助がいた承徳から遠く離れているが、飯塚戦死の報が入って司令部で打ち合わせがもたれたのであろうか。ともあれ、以上の経緯からすれば、司令部の各部長がそろって在郷軍人総会に出席しなければならない「義理」があったと推察される。

軍医監、判士と会食

四月一九日（木）には「祖父江少佐来部」の前に「（山海関）梶井軍医監会食」と書かれている。山海関は河北省北東端に位置する。日本が租借地としていた関東州という名称は、山海関の東という意味で付けられた。梶井軍医監とは梶井貞吉軍医監のことで、当時関東軍軍医部長であった。軍医監は少将に相当する。梶井はその後衛生部の最高位で兵科の中将に当たる軍医総監に進級する。

四月三〇日（月）には「六時半ヨリ梶浦少佐会食」とある。「梶浦少佐」とは副官部副官で、第七師団軍法会議判士でもあった梶浦銀次郎歩兵少佐のことである。のちに梶浦は陸軍少将にまで進級した。当時の『職員録 昭和九年八月一日現在』によれば、第七師団軍法会議には判士一六人（中佐三人・少佐四人・大尉七人・中尉二人）、堀木をはじめ法務官四人、録事三人が配されていた。判士を兵科でみると、歩兵一〇人・砲兵二人・輜重兵二人・工兵二人である。彼らのうち何人が渡満し、何人が旭川の留守隊に残っていたかはわからない。梶浦についていえば、一九三五年一月一日現在で留守隊司令部の副官に就いている。常助は師団の法務部長でもあったので、留守隊の軍紀保持にも責任を負っていた。前出の鈴木啓久は「留守部々員ト克ク連絡ヲ密ニシ所要ノ指示ヲ与ヘ留守部業務遂行上遺憾ナカラシム」と報告を記している。

恩給法改正

五月二日（水）条に「上原内閣管理官村山久重□恩給年限査定ノ為来□」とある。上原とは上原秋三内閣恩給局書記官を指している。前年の一九三三年に恩給法の大改正が行われた。そこには緊縮財政を背景に最短恩給年限の延長などが規定された。具体的には最低恩給年限を准士官以上の軍人については一一年から一三年に、下士官以下の軍人は一一年を一二年に延長したのである。

軍人恩給が国家財政を圧迫していることについては、すでに一九三一年八月に貴族院が次の意見でまとまっていた。

> 我国の恩給年金は年々増加しこのまゝ放任するにおいては恩給年金のために財政が破綻する外ない実情にあるため恩給亡国論さへ行はれて居る、現に年々国庫が支払ふ恩給年金は二億円に達するからこれが改正を行ひ恩給額の増加を防止し国家財政を救ふ必要は何人が内閣を組織しても緊急問題として解決すべきである〔略〕政府はあくまで軍部の反対を説服しこれが改正を断行すべきである

（一九三一年八月三日付『東京朝日新聞』）

ようやく一九三三年二月一八日の持回り閣議で恩給法改正案が閣議決定され議会に提出された。三月九日に衆議院本会議で政府原案のまま可決され、三月二四日に貴族院では修正案が可決された。三月二五日の衆議院本会議は貴族院の修正に同意して、この法案は成立した。四月八日に改正恩給法が公布され、施行は一部条項を除いて同年一〇月一日と定められた。

この改正案策定の中心となって携わったのは樋貝詮三法制局参事官である。このとき樋貝は内閣恩給局長を兼務していた。のちに樋貝は一九四六年四月の戦後初の衆議院議員総選挙で初当選し、当選一回ながら衆議院議長に就任する。常助が面会した上原は樋貝の部下の書記官であり、同局の庶務課長兼審査課長に就いていた。上原は恩給法が改正された一九三三年に『改正恩給法精解』と題した本を岩波書店から出版している。

上原は改正恩給法施行の翌年五月に満州にまで足を運んで、改正法に基づく恩給年限を査定するため司令部を訪ねたのであろう。

買いものは朝鮮銀行券（金票）で

四月二七日（金）

〔略〕

午后市内散歩花生2、一円五十銭、墨地《ママ》60銭、ハサミー5銭

「墨地」は書道で使う墨池なのではないか。とまれ、「満州国」は日本の傀儡国家とはいえ外国であった。その「市内散歩」で日本円によって買い物ができたのか。

満州事変前の満州の通貨は統一されておらず複雑をきわめていた。すなわち、東三省（遼寧省・吉林省・黒竜江省）においては各省を支配下に置いた軍閥が財政的な自主権を各々握っていた。その下に発券銀行が乱立したため、当時の紙幣は二〇種類以上にも達した。常助が服務し生活していた熱河省をみると、熱河興業銀行が一九二六年から三回も別種の熱河票を発行し、新紙幣発行ごとに旧紙幣を廃棄無効とする有様であった。

「満州国」建国の三か月半後の一九三二年六月一五日に、「満州国」の中央銀行として満州中央銀行が設立された（同年七月一日開業）。その際に引き継がれた旧紙幣は幣種一五、券種一三六に及んだ。設立に先立つ六月一一日に貨幣法、満州中央銀行法、満州中央銀行組織弁法が公布されている。法貨である満州中央銀行券（略称は国幣）が発行され、その呼称は円とされた。加えて、補助単位として角（一／一〇円）・分（一／一〇〇円）・厘（一／一〇〇〇円）が定められた。それまでの通貨は、中央銀行開業日の七月一日から二年間は流通が認められた。その間に旧通貨の回収と国幣への交換が進められたのである。流通期限が終わる一九三四年六月末までに、旧通貨の九三・一％が回収された。

従って、常助の「市内散歩」時点では国幣が相当程度行き渡っていたはずである。一方、朝鮮半島に

おいては中央銀行である朝鮮銀行が法貨として朝鮮銀行券（金票）を発行していた。同行は満州にも支店網を広げた。そして、一九一七年には関東州および満鉄附属地における植民地中央銀行の地位を、それまでの横浜正金銀行から受け継いだ。

金票は日本銀行券と等価とされた。そこで、満州で日本企業は金票に基づいて経済活動を展開させていた。満州事変以降その経済活動は活発化し、金票の流通量も増大した。駐満日本軍や関東庁はじめ日本関係諸機関の受払は金票建てであった。つまり、当時の「満州国」には国幣による中国系経済と金票による日本系経済が併存していた。一九三四年六月において国幣発行額が約一億円弱であったのに対して、金票流通推定額は五千万円弱だった。金票の通貨呼称は円、補助単位は銭と称した。なので、常助は金票を使って買い物をしていたと推測される。

その後、国幣は金票との等価関係に入り、一九三五年一一月に満州中央銀行は朝鮮銀行との業務提携により金票の国幣との交換を開始する。その結果、一九三七年までには「満州国」は貨幣金融構造の一元化を実現する。

在外指定学校

五月四日（金）には「日本居留民小学校ノ開校式ニ臨ム（十時）」とある。これは承徳日本人居留民会立承徳日本尋常小学校のことである。警察官の父が承徳に転勤したことから、同校に一年生の二学期に転入した藤原礼壽が以下の回想を残している。

当時の承徳は、まだ在留邦人の数が少なかったので、小学校は原住民の屋敷を改造した施設で、一年生と二年生とが同じ教室で勉強していた。翌年には赤レンガ造りの二階建てのスチーム暖房の付いた新校舎ができあがり、私たちもそこに移動した。〔略〕そのころから、承徳市街にも在留日本人が増え始めてきたので、小学生も多くなり一年生二クラスのところもあるようになっていた。

（平和祈念事業特別基金編 2003：67）

外地の在留邦人の子どもたちを対象とした学校を在外指定学校と称した。在外指定学校職員退隠料及遺族扶助料法（明治三八年法律第四六号）の第一条に、「本法ニ於テ在外指定学校ト称スルハ在外国本邦人ノ為ニ設置シタル学校ニシテ外務大臣及文部大臣ノ指定シタルモノヲ謂フ」と定められている。その数は「満州国」建国を機に急激に増えていく。満州における一九二六年から一九三〇年までの新規設置校数は九校にすぎなかった。ところが一九三一年から一九三五年までは五三校に、さらに日中戦争の開始年をはさむ一九三六年から一九四〇年には二三一校に達する（福嶋 2021：57）。承徳日本人居留民会立承徳日本尋常小学校が在外指定学校として外務・文部両大臣によって指定されたのは、一九三五年五月三日であった（文部省告示第一八三号）。同校は翌年四月一日付で承徳日本尋常小学校に改称される（文部省告示第一八〇号）。

言い換えれば、まず居留民会など現地日本人団体が学校設置を領事に申請し、領事が認可すれば現地日本人団体立として開校される。常助はこの開校式に招かれたのだ。学校は領事が監督し学校運営が順調であれば、在外指定学校として指定されるための手続が取られる。現地日本人団体が申請書類を作成し、それを領事が本国の外務大臣および文部大臣に提出するのである。外務・文部両大臣から指定を受ければ、教育内容は日本国内の教育令に基本的には依拠することになった。すなわち「文部省編纂の国定教科書が使用され〔略〕教育勅語の下付や御真影の下賜もあった」（同前：59）。

常助が開校式に出席した承徳日本人居留民会立承徳日本尋常小学校では、開校からちょうど一年で順調に外務・文部両大臣の指定を受けたことになる。ちなみに「満州国」の満鉄附属地については関東長官が指定者であり、それ以外の地域の指定者は外務・文部両大臣であった。やがて一九三七年一二月一日公布・施行の「満洲国在外指定学校指定規則」（在満州大使館令第六号）に基づき、指定者は「在満洲特命駐剳全権大使」に統一された。このポストは関東軍司令官が兼任した。

「御真影」については第7章第2節で説明する。

情報収集・謀略工作のための「特務機関」

五月五日（土）条に「(朝□) ニ階堂大佐ノ告別式特務機関（ニ時ヨリ）」とあるのは興味深い。陸軍において特務機関には公式・非公式の二種類があった。公式に特務機関とは、陸軍省、参謀本部、学校、師団などの部隊以外に特別に設けられた機関を指す。元帥府、軍事参議院、侍従武官府などがそれに当たる。『職員録』の表記でもこれらは陸軍省の組織には含まれていない。一方、むしろ一般に広くイメージされているのは非公式の意味での特務機関だと思われる。非公式であるから、『職員録』にも『官報』にもそれらについて記載されることはない。そして、「戦局の推移に伴い、改廃・移動が甚だしく、明確を欠く点が少なくない」とされる（日本近代史料研究会編 1971：208）。

その起源は革命後のロシアに対する武力干渉であるシベリア出兵（一九一八年八月〜一九二二年一〇月）にさかのぼるようだ。当地の情報収集や謀略工作を行うために「特務機関」が置かれた。任務は「統帥範囲外の軍事外交と情報収集」を行うこととされた。統帥範囲を外れるということは、機関としての「独断専行」が容認されるに等しい。満州事変の発端となった柳条湖での鉄道爆破も関東軍の奉天特務機関が深くかかわっていた。各特務機関には地名が冠せられた。

常助が書いている「二階堂大佐」とは二階堂泰治郎歩兵大佐を指している。一九三三年四月に承徳に関東軍承徳特務機関が開設されたことは先に述べた。熱河作戦が展開されている中、蒙古工作の促進が設立目的であった。同年一一月に当時中佐の二階堂が同特務機関長に任ぜられている。前任の松室孝良騎兵大佐が関東軍司令部付だったことから、二階堂も同様の職名を名乗っていたと考えられる。このように特務機関の要員は軍司令部付などの職員を「仮の姿」としていた。

国策映画会社「満映」

五月六日（日）

朝釣、午后外出イヌ70、カ、ミ、鉢（―50）ヲ買フ、五時ヨリ釣（無）七時活動写真（紀恩堂）

この日曜日の午後七時から紀恩堂で巡回映画の映写会があったのである。満鉄はすでに一九二三年に社長室文書課に映画班を設置して記録映画の撮影に乗り出す。「映画を以て国策使命を鼓吹して大いに民心を作興する」ことが映画製作の目的とされた。一九三〇年にはその業務が総務部庶務課弘報係に引き継がれ満州事変を迎える。その結果建国された「満州国」は映画をプロパガンダ手段として非常に重視した。一九三三年四月には国務院総務庁に情報処を設けて満鉄弘報係との協力の下、数々のプロパガンダ映画を製作・上映した。その一つである記録映画『新興満洲国の全貌』（一九三三）の冒頭には「満鉄弘報係撮影製作」とクレジットが入っている。また、国務院文教部礼教司社会教育科の巡回映写班が出張映写会を行っていた。これが紀恩堂で開かれたのであろう。当時は承徳に映画館はなかった。承徳で最初の映画館である承徳電影院が設置されるのは、この映写会の翌々年の一九三六年である。一九三五年には巡回映写班は廃止された。

「満州国」での映画国策についての研究は、一九三三年九月に発足した満州映画国策研究会を中心になされた。これを支えたのは関東軍と「満州国」警察部門である。その後、一九三六年七月に「満洲国映画対策樹立案」が策定され、「満州国」はこれに基づき映画国策立法の具体化作業を進めた。ついに一九三七年八月一四日に株式会社満州映画協会法が公布・施行される。かくして満映（満洲映画協会）が設立されたのである。資本金五〇〇万円は「満州国」と満鉄が折半して出資した。前述のとおり、満鉄はそれ以前から大量の記録映画を製作して、国策に寄与してきた。満映は「満州国」随一の文化機構となり、

「国」内の映画の製作、配給などを独占した。よって「日本と打って一丸となり、映画を借りて、内外の思想戦!宣伝戦!を戦わん」を使命としたのである。一九三九年には岸信介の推しもあって、前出の甘粕正彦が満映理事長に収まる。甘粕は辣腕を発揮して、満映を黒字化させる。

杉山元陸軍中将を出迎える

五月七日（月）
凌源午前十一時三十分軍用機杉山中将来承（□止）〔原文は横書きで赤で下線が引かれている〕
五月九日（水）
英国ロイテル日本通信員ケネデー氏ノ為紀恩堂ニテ六時半ヨリ会食山□□大佐臨席、十時帰ル

「杉山中将」とは当時航空本部長の任にあった杉山元陸軍中将（のちに大将、元帥）のことに相違あるまい。陸士一二期・陸大二二期のエリート軍人である。それまでに一九二八年八月に陸軍省軍務局長、一九三〇年八月に陸軍次官、一九三二年二月に第十二師団（司令部所在地・久留米）の師団長を歴任している。航空本部長のあとは一九三四年八月に参謀次長兼陸軍大学校長、一九三六年八月に教育総監、一九三七年二月に陸軍大臣、一九四〇年一〇月に参謀総長、一九四四年七月に再び教育総監、同年七月に再び陸軍大臣、敗戦時には東京を含む東日本を担当する第一総軍司令官として、本土決戦に備えていた。一九四五年九月一二日に自決した。圧倒的な軍歴を誇り、いわゆる「陸軍三長官」のすべてに着任している。この経

歴をもつ者はほかに上原勇作大将、元帥がいるだけである。上原は前出の宇都宮太郎の二代前の第四代第七師団長であった。手帳の当該記載に赤で引かれた下線は、常助が光栄に感じたことを物語っているのではないか。

ちなみに、元帥とは天皇（大元帥）の軍事上の最高顧問機関である元帥府に列せられる陸海軍大将に与えられた称号のことである。さらに総軍とは最大の陸軍部隊組織をいい、敗戦時に内地には第一総軍と第二総軍が置かれていた。規模の順に呼称は総軍＞方面軍＞軍＞師団となる。総軍にも法務部が設けられ、上で述べた陸軍法務官出身の島田朋三郎は一九四五年四月七日付で第一総軍法務部長に就いている。

杉山を皮切りに五月中旬は要人と相次いで会食している。五月九日にはロイター通信の記者の取材を「山□□大佐」とともに受けたようだ。五月一一日（金）には「衛戍病院記念祝賀会」に出席した。承徳にも衛戍病院は置かれていたので、それを指していよう。

第２節　満州航空の「多彩な」業務内容

満州航空「河井田部隊」

五月一三日（日）

司令部釣大会師団長ー軍イ部長２他ハ撰□大鮒２中□４

ギゞ4
河井田少佐等会食

常助はたいへんな釣り好きで、「釣大会」以外にもほぼ週末ごとに釣りに出かけている。一九三四年の手帳で釣行の記述は四三か所にのぼる。そこには釣果も詳細に記されている。釣り場は兵営に接していた武烈河（〔6-1〕）が多かったようだ。

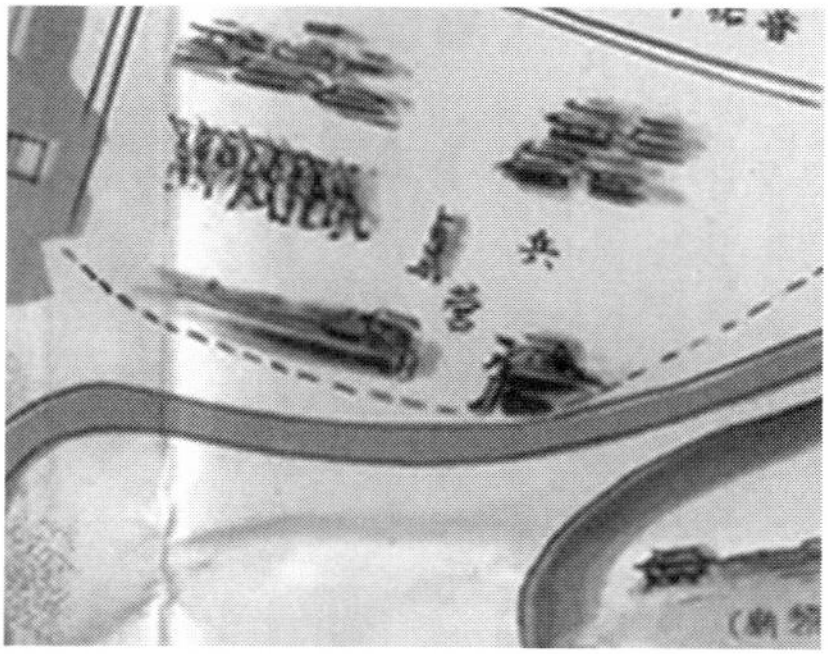

〔6-1〕兵営に接していた武烈河
出典：熱河事情研究所発行「熱河承徳市外地図」（1936）

ところで、『昭和九年九月一日調　陸軍現役将校同相当官実役停年名簿』をみると、河井田姓の軍人はいない。「河井田少佐」とは一九三二年一〇月に航空少佐に累進して予備役となり、満州航空株式会社に入社した河井田義《よし》匡《まさ》のことである。すでに退役していても現役時代の最終進級階級を敬称として記したと考えられる。現役時代の河井田は陸軍航空学校教官、関東軍独立飛行第十中隊長などを歴任した優秀なパイロットであった。満州航空は「満州国」、関東軍、満鉄、加えて住友合資会社の出資によって、一九三二年九月二六日に創立された国策会社である。社長には形式的に中国人を充てたが、実権は副社長の児玉常雄が握った。営業開始は同年一一月三日であった。営業には当然パイロットが必要となる。とはいえその養成には相当の時間がかかる。そこで満州航空は当初、軍よりパイロットを移籍させたのである。河井田は営業開始直後に多田駿《はやお》陸軍中将から「君等を軍より会社に出したのはこのためだ」などと言われたという（満洲航空史話編纂委員会編　1972：20）。多田についてはのちに詳しく述べる。このとき河井田は運航課長だった。その後、奉天管区長、運航部長、理事へと昇進していった。もちろん満州航空は国策会社ゆえ航空事業を専業とする会社にとどまらなかった。

一九三三年二月、上述の熱河作戦にあたって関東軍司令部航空課長の島田隆一航空兵中佐が満州航空に命令を発した。航空輸送隊を編成して作戦行動に加わることを満州航空は要請されたのである。世界の航空史上でも例のない民間航空の軍事航空への転換だった。隊員は関東軍の嘱託で軍属に位置付けられていた。

ただ、満州航空は設立当初から軍の意向に応えられる備えはしていた。パイロットや機関士は陸軍の各施設で教育訓練を受けており、満州航空の制服の色は軍服を擬したカーキ色だった。二月二二日から三月二四日までを活動期間とし、島田を隊長に「第一線部隊に対し糧秣弾薬被服の運搬並に患者輸送に従事し特殊補給機関としての任務に服す」（同前：58）とされた。酷寒・降雪の季節であり現地は山間地の地形が多かったことから、空中輸送に期待がかけられたのである。

一九三五年一二月五日には南次郎関東軍司令官が、満州航空の児玉常雄副社長に対して臨時独立飛行中隊を編成するよう命じる。それに先立つ一二月四日に児玉は「軍命令ニ基キ別紙ノ通リ臨時軽爆撃隊一隊ヲ編成ス」〔略〕「河井田義匡ハ明五日中ニ編成ヲ完了シ後命ヲ待ツヘシ」などとする命令を社内に発している（同前：105）。河井田は同日の日誌に「突如出動の下令至急出発である、大変だ。人員の集合、ダイヤ変更指示、十八時終了後社長の送別宴を受く」と記している（同前：227）。

河井田を中隊長とするこの部隊は河井田部隊と通称された。熱河作戦支援のときは島田中佐が隊長を務めたが、今回は軍人ではない河井田を中隊長に任じたことが注目される。同部隊は前出の多倫に派遣され、多倫飛行場から飛び立った同部隊各機が察東特別自治区の「敵軍」拠点を爆撃し、徳王の率いる内蒙古軍を支援した。翌一九三六年一一月には、関東軍の援助の下に内蒙古軍が綏遠《スイエン》省東部に進出しようとして惨敗したいわゆる綏遠事件が発生する。これに際しても、再び河井田（当時は運行部長）を隊長とする臨時独立飛行隊が編成され「参戦」した。

航空写真測量やアヘン輸送を兼業

一方で、一九三三年六月には関東軍参謀長の小磯国昭陸軍中将が「航空写真測量に関する満洲航空株式会社指導要領」を発する。関東軍が「満州国」を統治するにあたって正確な地図は不可欠であった。しかし版図は広大で治安上も問題を抱える地域が多く、通常の測量を迅速に行うのは著しく困難とみられた。代わって航空写真による測量が急がれた。これを受けて同年一一月には満州航空に「写真班」が置かれる。班長は朝鮮の鉄道敷設予定地域の航空写真測量に携わった木本氏房工兵中佐である。満州航空は航空写真測量事業も兼業し「満洲国全土の精密なる地図」の作成に深くかかわるのである。河井田は「写真測量も営業の一つであった〔略〕これが為には常に多数の操縦者を充当した。／偏流を測定修正、無味乾燥といいたい飛行の連続だ」と回想している（満洲航空史話編纂委員会編　１９８１：１７１）。翌年三月には関東軍測量隊の「満州国」への派遣が命じられた。四月に編成が整い、順次現地に出発した。そして、満州・北支の測量に当たったのである。

さらに、前述のとおり関東軍の重要な資金源だったアヘンの輸送までも満州航空は任されていた。河井田の日誌の一九三六年九月二六日にそれが記されている。「創立記念日祭典を挙ぐ／式場にて田中隆吉参謀より「用談あり徳化に来られたし」との電報を受く」。そこで河井田は「式後モス機を操縦し」翌日に田中と会談する。その際田中は「阿片輸送の件、目的は冀東政府の財源に充つ、一は蒋政権打倒の一助とす」などと説明した（満洲航空史話編纂委員会編　１９７２：２３３）。

関東軍参謀の田中隆吉砲兵中佐は、一九三六年八月より徳化特務機関長に就いていた。綏遠事件は田中の謀略であった。冀東政府とは冀東防共自治政府のことである。「冀」は河北省の略称なので、「冀東」とは河北省東部を指している。冀東防共自治政府は関東軍が当地につくった傀儡政権である。この一帯もアヘンの生産地域であり密輸により莫大な利益が見込めた。河井田は九月二八日には北京に向かい「青海代表雅王」らと会見している。「内容は青海に武器弾薬輸送阿片輸送の方策である協議す」（同前：２３３）。青海省は広漠たるチベット高原に位置する。定遠宮（現・内モンゴル自治区バヤンホト）から「駱駝にて一ヶ月は要するとの事であった」と河井田は書いている（同前：２３４）。それでも会社には利益になると踏んでいたようだ。

現地で生産されたアヘンを航空機に積み込み上海に空輸するアヘン密輸も、満州航空の隠れた業務となっていた。

「満州国」の司法制度整備

五月一四日（月）

承徳小原直大阪控訴院長□□参政官、古田□務司□長ノ會食午後六時紀恩堂

五月一六日（水）

二十六将校準士官凱旋七時及正門前ニ於テ満洲国ノ総務司長及小原控訴院長ヲ送ル

「小原直《おはらなおし》」は当時東京控訴院長であったので、「大阪」は常助の誤記である。小原は検事出身で、大逆事件（一九一〇年）、シーメンス事件（一九一四年）、米騒動（一九一八年）といった大事件を担当するなど一線で活躍した。出世も順調で一九二〇年に横浜地裁検事正、翌年には東京地裁検事正に異動し、一九二三年には長崎控訴院検事長に栄進した。九州の控訴院は福岡ではなく長崎に置かれていた。ところが、高松控訴院ノ設立等ニ関スル件（昭和二〇年勅令第四四三号）に、長崎控訴院を福岡に移転させて福岡控訴院とすると定められた。この勅令が施行されたのは一九四五年八月一五日である。そして、一九四七年五月三日の日本国憲法および裁判所法の施行により、福岡控訴院は福岡高裁に移行された。

さて、小原は長崎控訴院検事長に補された翌年に大審院次席検事に転じた。一九二七年からは司法次官を務め、一九三一年から東京控訴院長に就いていた。杉山のような陸軍軍人ばかりか、今でいえば東京

高裁長官までもが渡満してきたのであった。

小原は二・二六事件のときには司法大臣を務めていた。緊急勅令により設置された東京陸軍軍法会議に、北一輝ら民間人まで裁く権限を認めた最高責任者であったといえる。本来であれば民間人は軍法会議裁判の対象にはならない。この点から小原は東京陸軍軍法会議の設置に閣議で反対したが、陸軍に押し切られた。

戦後、小原は公職追放され、一九五一年に追放解除となり一九五四年に第五次吉田内閣期の三人目の法相として非議員ながら入閣した。一人目の犬養健が造船疑獄をめぐる指揮権発動の翌日に辞任し、後任の加藤鐐五郎も在任二か月あまりで無任所大臣に異動した。小原が戦前に培った検察人脈に依拠して指揮権発動の「火消し役」をした。

この会食に小原と同席した古田とは、古田正武「満州国」司法部総務司長（司法次官）である。「満州国」の治外法権撤廃に向けた司法制度整備のため同国から司法官派遣を請われた司法省は、一九三三年一〇月に古田に白羽の矢を立てた。古田は前年から大審院検事に就いており、「行政的手腕、検察の実務からいつて我司法部若手勅任官中の俊秀である」との人物評であった（一九三三年一〇月八日付『東京朝日新聞』夕刊）。古田はこれを受け入れ、一〇月二四日付で大審院検事を退職し満州に赴任する。司法部総長には中国人が充てられたが、「満州国」の性格からして名目上の存在であり、実質的には古田が司法部のトップとして制度設計を担った。それをめぐって、古田は小原に教えを請うたのであろう。続いて古田は司法部次長、続いて「満州国」参議に昇って「満州国」経営の枢機にかかわる。一九三九年三月に参議を依願免官となり日本の司法省調査部長に任じられる。五月には刑事局長に栄転するが、九月に病死してしまう。まだ満五一歳にすぎなかった。

古田と小原は五月一六日（水）まで承徳に滞在していた。

在満第十四師団将校と会食

五月一九日（土）

宮□□ニテ釣ル雷雨六時紀恩堂マスノ中佐会食

「マスノ中佐」とは増野忠馬輜重兵大佐だと思われる。増野は輜重兵第十四大隊長を務めていた。第十四師団（司令部所在地・宇都宮）に輜重兵第十四大隊は置かれていた。第十四師団は一九三二年一月の上海事変勃発により、翌月に上海に派遣された。五月には満州転進が命じられた。六月からは師団司令部はチチハルに置かれた。こうして約二年間、現地の抗日軍と抗日武装集団の攻撃に対する警備やその「掃討戦」に従事した。上述の熱河作戦にあっては輜重兵第十四大隊の一部も出動している。第十四師団は一九三四年四月に帰還命令が下される。五月上旬より宇都宮への帰還が行われる。

第4章で述べたように、常助は一九二七年三月から一九三〇年三月まで第十四師団軍法会議法務官として勤務している。その縁もあっての会食となったのかもしれない。ちなみに増野は陸士一八期で一九〇五年一一月二五日の卒業証書授与式にあたって、卒業優等生に選ばれ銀時計を下賜されている。その後、

「日支事変に応召し武勲顕著なる将校」として「事変第二周年記念日」にあたり大佐から少将に進級している（一九三九年七月七日付『読売新聞』）。

貴族院議員の「選挙」

五月二三日（水）

林満鉄総裁及岡検査院□長官ノ一行ノ為紀恩堂ニテ午六時半会食

林満鉄総裁とは林博太郎満鉄総裁のことである。孫にワクチン担当大臣も経験した自民党の堀内詔子衆議院議員がいる。

満鉄の初代総裁は後藤新平である。それまでの台湾総督府民政局長（のち民政長官）としての植民地経営手腕が評価されて一九〇六年一一月に命じられた。後藤は台湾の社会インフラの充実に大きな功績を挙げたのである。その実力は後述のとおり満州でも発揮された。一方で満鉄は単なる鉄道会社の域を超えていたことは先に記した。満州植民地化の国策を遂行する上で「生命線」的な存在であった。「満州国」建国後は「満州国」有となった鉄道すべてを満鉄が経営した。

林は一九一九年から東京帝大教授を務めていたが、一九三二年にこの職を辞して満鉄総裁に就いた。このとき貴族院議員でもあった。林は一九〇七年に祖父・友幸の死去により伯爵を襲爵した。すでに父・荘三は他界していた。貴族院議員になったのは一九一四年二月である。それ以来貴族院が廃止される一九四七年五月まで議員を務め続けた。

周知のとおり貴族院は非公選議員によって構成されていた。議員は皇族議員、華族議員、勅任議員に大別される。非公選といってもこれらのうち一定の年齢に達すれば義務的に議員となったのは、皇族議員と華族議員のうちの公侯爵議員だけであった。前者は皇族男子が成年に達すれば、後者は公侯爵が満二五歳に達すれば議員となった。同じ華族議員でも、林を含む伯子男爵議員については、成年による同爵者による互選選挙の手続が取られた。七年という任期もあった。被選挙資格は満二五歳以上であり、一九二五年五月の貴族院令の改正により満三〇歳以上に引き上げられた。公侯爵が議席を有する年齢についても同様である。この改正は普通選挙法制定とあわせて行われた。

一九一三年一二月四日に貴族院議員の伯爵後藤猛太郎が死去する。それを受けて伯爵議員一人の補欠選挙を行う詔書が一二月一一日に出された。それは「大正三〔一九一四〕年二月七日ヲ以テ〔略〕補欠選挙ヲ行フベキコト」を命じていた。この詔書発布に先立って伯爵議員各会派間での調整が進められた結果、林を候補者とすることでまとまった。翌年二月七日に補欠選挙会が開かれ、投票総数七九票のうち七八票を林が獲得して当選した。

伯子男爵議員の選挙は、貴族院伯子男爵議員選挙規則（明治二二年勅令第七八号）によって実施された。興味深いのは選挙期日・場所が特定されていたことである。第九条に「選挙ハ七月十日東京ニ於テ之ヲ行フ」とある。後藤猛太郎は一九一一年七月一〇日の伯爵議員選挙で当選している。また、同規則第一七条に「補欠議員ノ任期ハ前議員ノ任期ニ依ル」と規定されているので、林の任期は後藤の残任期間の一九一八年七月九日までとなる。この翌日の伯爵議員選挙で林は再選され、一九二五年七月一〇日に三選、一九三二年七月一〇日に四選、一九三九年七月一〇日に五選と当選を重ねた。次は一九四六年七月一〇日に六選されるはずのところが、敗戦を迎え憲法改正・貴族院廃止が政治日程に上っていた。

七年の任期切れ直前の一九四六年六月二九日、貴族院本会議は伯子男爵議員ら任期のある議員の任期を翌年二月一〇日まで延長する勅令案を可決した。明治憲法発布の二月一一日に日本国憲法が施行されるとこの時点では想定されていたのであろう。しかしそれには間に合わなかった。そこで、一九四六年一二月四日の貴族院本会議でこれら議員の任期を日本国憲法施行の日の前日に再延長する勅令案が可決された。

憲法に明記される唯一の国家機関・会計検査院

同じく五月二三日の記載にある「岡検査院□長官」とは岡今朝雄《けさお》会計検査院第二部長のことである。今日に至る会計検査院は、一八八〇年三月五日に太政官内に独立の機関として設置された。同日付太政官達第一八号に「今般太政官中会計検査院ヲ設置シ大蔵省中検査局相廃シ候条此旨相達候事」と規定された。つまり、それまで大蔵省の中にあった検査局を廃止し太政官の中に会計検査院を新たに置くこととされた。会計検査院が大蔵省の外部から財政を監視することでその強化を図ったのである。

やがて、明治憲法第七二条に「国家ノ歳出歳入ノ決算ハ会計検査院之ヲ検査確定シ政府ハ其ノ検査報告ト倶ニ之ヲ帝国議会ニ提出スヘシ」と謳われた。日本国憲法第九〇条にも「国の収入支出の決算は、すべて毎年会計検査院がこれを検査し、内閣は、次の年度に、その検査報告とともに、これを国会に提出しなければならない。」と規定されている。会計検査院は憲法に固有名詞が書かれている唯一の国家機関なのである。それが現在でも会計検査院の職員の矜持となっている。

自民党が主張する改憲四項目の一つが憲法第九条の次に「第九条の二」という条文を新設し、そこに自衛隊を明記するというものである。自衛隊が憲法上の組織に格上げされることになる。そうなれば自衛隊は特別視ないしは神聖視され、従来のあらゆる軍事的制約は解除されよう。徴兵制復活も十分想定される。

一八八九年五月に会計検査院法が公布された。第一条は「会計検査院ハ天皇ニ直隷シ国務大臣ニ対シ特立ノ地位ヲ有ス」と定める。すなわち、会計検査院は天皇に直接に従属し、国務大臣からは超然とした「特立ノ地位」を保障されていたのである。従って、会計検査院だけは統帥権を根拠に専横きわめる軍部にさえ「物申す」ことができる国の機関であった。当時会計検査院には三部一二課が置かれ、岡が部長を務める第二部は陸海軍を所管していた。それゆえの渡満であったのか。岡はその後一九三八年二月に会計検査院長に栄進して三年半余りそれを務める。

国葬令に基づく国葬

六月五日（火）

東郷元帥ノ国葬式

海軍大将、元帥の東郷平八郎がこの年の五月三〇日に満八六歳で死去した。日清戦争、日露戦争における「活躍」によって国民的英雄となっていた。とりわけ、日露戦争では連合艦隊司令長官として、ロシアのバルチック艦隊を対馬沖で迎え撃った日本海海戦で「歴史上にその例を見ない完勝を収めた」とされる。その国葬が六月五日に行われたのである。東郷は一九〇七年九月に伯爵を授けられ、死去直前の重篤中に侯爵に陞爵する「恩命」が降った。

国葬とは国費による国の儀式としての葬儀をいう。天皇とその一家の葬儀は国葬となった。それ以外に「国家ニ偉功アル者」が死去した場合には国葬として葬儀が営まれることがあった。明治から大正までは一般の法的規定はなく、該当者が死去するたびに勅令によって行われてきた。一九二六年一〇月になって国葬令（大正一五年勅令第三二四号）が定められて、それ以降の国葬の根拠になった。第一条と第二条は天皇とその一家の葬儀について規定し、第三条に「国家ニ偉勲アル者薨去又ハ死亡シタルトキハ特旨ニ依リ国葬ヲ賜フコトアルヘシ」としている。特旨とは特別のおぼしめしの意味である。東郷の場合、「今三十日薨去ニ付キ特ニ国葬ヲ賜フ旨仰出《おおせいだ》サル」との内閣告示が五月三〇日付で出された。また同日付で「特ニ国葬ヲ賜フ」との辞令も出されている。

同じ海軍大将で一九四三年四月に戦死した山本五十六の葬儀も国葬とされた。同年六月五日にそれは執り行われた。翌日付『朝日新聞』夕刊は「決戦下に元帥の英魂を送る　嗚咽に誓ふ必勝」などの見出しで報じている。山本は死後に元帥の称号を与えられた。戦意昂揚を企図した政治ショーであったことは明白である。

法的根拠なき安倍国葬のあやうさ

さて、国葬令は日本国憲法施行と同日に失効した。同日に施行された日本国憲法施行の際現に効力を有する命令の規定の効力等に関する法律の第一条に基づく。これにより国葬を行う法的根拠はなくなったのである。それでも、一九六七年一〇月二〇日に死去した吉田茂元首相の葬儀で国葬は復活した。当時の佐藤栄作首相は訪問先のマニラで悲報に接した。国葬を強く希望する首相の意向が伝えられ、政府はただちにその検討をはじめた。内閣法制局などとの調整のうえ、「閣議で政府が国費で葬儀を行なうことを決めれば「国葬」となる」という見解がまとめられた（一九六七年一〇月二一日付『読売新聞』）。社会党、公明党、民社党の野党三党も異議を唱えなかった。ただ、山本幸一社会党書記長は個人的意見として「閣議決定だけで決めることは適当ではないと思う」と述べた（一〇月二一日付『朝日新聞』）。

一〇月二三日に臨時閣議が開かれ、「葬儀は国が行い「故吉田茂国葬儀」と呼ぶ」ことなどが閣議決定された。同日に社会党は国会対策委員会で検討し、国葬はやむを得ないとの意見が大勢となった。ただ、これを前例としないなどの態度を決めた（一〇月二三日付『朝日新聞』夕刊）。共産党は国葬に反対し、日教組も抗議声明を出した（一〇月二五日および二六日付『朝日新聞』）。総評も「法令にもない形式で国民全体を強制的に喪に服させることは行過ぎであり、賛成できない」と表明した（一〇月三〇日付『朝日新聞』夕刊）。とはいえ反対の声は届かず、一〇月三一日に日本武道館で「故吉田茂国葬儀」が行われた。勝間田清一社会党委員長はこれに参列した。ただし、社会党は一九六八年五月九日の衆議院決算委員会で、国葬に予備費から一八一〇万円が支出されたことに反対した。これにより社会党は党として国葬に反対する態度を明確にした。

吉田の国葬を強く要望した佐藤栄作は一九七五年六月三日に死去する。このときはどうであったのか。時の首相は三木武夫である。佐藤は吉田より長い七年八か月首相を務め、退任後はノーベル平和賞を受けている。沖縄返還も果たした。しかし国葬とはならなかった。決め手となったのは「法的根拠が明確でない」とする内閣法制局の見解であった。国葬とするには三権が合同して行う必要がある。だが吉田国葬の根拠となった閣議決定だけでは、効力が及ぶのは内閣に限られ他の二権は埒外になってしまうというのだ（一九七五年六月三日付『朝日新聞』夕刊）。当時の内閣法制局長官は吉国一郎である。国葬としなかったことに、自民党の一部は野党などに気を遣いすぎると党執行部を批判した。野党各党は民社党を除いて「絶対反対」であった。結局、佐藤の葬儀は「国民葬」とすることで決着した。佐藤ですら国葬にならないのであるから、「もう「国葬」ということは事実上やれなくなった」とまでいわれた（一九七五年六月四日付『読売新聞』）。

ところが、である。二〇二二年七月八日に安倍晋三元首相が銃撃され死去した。その数日後に岸田文雄首相は国葬とするように動いた。最大の難問であった法的根拠をめぐっては、内閣法制局から「朗報」がもたらされた。内閣府設置法第四条は内閣府の所掌事務を定めている。その第三項第三三号に「国の儀式〔略〕に関する事務に関すること」と記されている。内閣法制局がこれを「発見」し、「国の儀式」として閣議決定すれば国葬を行えるとの法的解釈を示したのである。これは吉国見解からの明らかな逸脱にほかなるまい。

渡りに船とばかりに、政府は七月二二日に安倍元首相の葬儀を「故安倍晋三国葬儀」と称して行うことを閣議決定した。

前出のとおり、国葬令は国葬の対象となる者を定めていた。一方で、閣議決定でそれが決められるとなると、対象者の決定は時の政府の裁量に委ねられてしまう。なんら法的な、言い換えれば民主的な縛りがなくなる。加えて、国葬であるからその経費は全額国費でまかなわれる。もちろんあらかじめ予算化できないので、一般予備費からの支出となる。これには国会のコントロールが効かない。

安倍元首相が銃撃されたとき、マスメディアは「民主主義への挑戦」と口を揃えて非難した。その後問題の本質はそこにはなかったことが判明したが、安倍国葬についてはまさにこの危険性をはらんでいる。

第7章　満州勤務の日々（Ⅲ）――満州医大・コレラ蔓延・国防婦人会

第1節　満州医大の「悪魔の飽食」

再び体調悪化、土肥原少将と会食

常助は一九三四年六月末から七月はじめにかけて再び体調を崩している。

六月二六日（火）
古北口十一時二十分発
六時半ヨリ会食アリ熱８．７アリ取止ム
口中ノキヅナヲル
六月二七日（水）
〔赤峯〕□□関官午前十時出発佐藤軍医正ニ止メラレ見送ヲナサズ
七月二日（月）

〔錦州〕

三十八度九分ノ熱アリ下痢甚シク休務

「佐藤軍医正」とは軍医部長の佐藤武一等軍医正のことである。一等軍医正は兵科の大佐に相当する。体調が思わしくない合間を縫って、六月二八日（木）には先述の祖父江儀一憲兵少佐が「捜査事務打合ノ為来部」している。憲兵と検察官である法務官は密接に連絡を取り合っていたことがわかる。

七月九日（月）

師団長ヲ飛行場ニ迎フ

土肥原閣下紀恩堂ニ会食ス

土肥原とは土肥原賢二陸軍少将である。当時は奉天特務機関長に就いていた。これは再任であって、一九三一年八月から翌年一月までの期間にも同じポストにあった。その任期中の「業績」として、天津の日本租界にいた清朝最後の皇帝・溥儀を同年一一月に満州に脱出させたことが挙げられる。土肥原は天津に出向いてのちに天津事件とよばれる暴動を起こさせ、暴動から身を守ることを口実に溥儀を海路で満州の営口に送ったのである。

溥儀によれば、天津事件「発生」前に土肥原は溥儀と密会して溥儀をこう説得したという。「関東軍は満州にたいして領土的野心はまったくなく、ただ「誠心誠意、満州人民が自己の新国家を建設するのを援助する」ものであり、私〔溥儀〕がこの機会をのがすことなく、すみやかに祖先発祥の地に帰り、親しく新国家の指導にあたるように望む」（愛新覚羅溥儀　１９７７：２８２）。

復辟を望む溥儀は天津事件を「奇貨」として一一月一〇日に天津をひそかに出発し、一三日朝に営口の「満鉄」埠頭から上陸した。そこで溥儀を迎えたのは甘粕正彦であった。「このいかにも礼儀正しい、細縁の近眼鏡をかけた人物に、そのような異常な経歴〔大杉栄らの扼殺など〕があろうとは、私はどうしても想像することができなかった」（同前：２９４）と、溥儀は甘粕の第一印象を記している。

溥儀は一九三二年三月の「満州国」の成立によって元首である執政に就き、さらに一九三四年三月に「満洲帝国」皇帝に即位した。満二八歳の青年皇帝である。当初から皇帝に即位しなかったのは、中華民国と対抗し、また「五族協和」を掲げる以上、建国時は共和制を採らざるを得なかったなどの事情による。二年の過渡期を経て帝制に移行し、政体を天皇制に類似させることで「日満一体」化はいっそう強められていく。

土肥原は一九三二年一月にハルビン特務機関長に転じた。その後同年四月に帰国して少将に進級すると同時に、第五師団（司令部所在地・広島）歩兵第九旅団長に就いた。だが、翌年一〇月に奉天特務機関長に復帰した。彼の地で土肥原は、北支一帯を日本の影響下に置く華北分離工作を主導するなど対中謀略の専門家として暗躍し、数々の要職を務めていった。一九四五年四月には教育総監に就任する。この間に中将、次いで大将へと進級していた。戦後の極東国際軍事裁判（東京裁判）でＡ級戦犯となり死刑判決を受けた。一九四八年一二月二三日に巣鴨拘置所で刑が執行された。

「満州国」軍を育成した多田駿

七月一六日（月）
多田少将出迎—2．30
牛ノロニ涎モ垂レヌ暑カナ

「多田少将」とは前章で言及した多田駿陸軍少将である。「満州国」は建国とともに国軍建設に着手する。旧政権時代の軍隊を集めてはみたものの、幹部の養成教育機関が未整備だったため十分な軍事教育を施された者はごく限られていた。これを統率のとれた国軍へとつくりかえることは「難事中の難事」とみられた。この現実に直面して、関東軍は日本軍の現役将校を渡満させて軍事顧問の任に当たらせることにした。ついては関東軍と「満州国」政府との間で覚書が締結された。

これに基づく調整で、第十六師団（司令部所在地・京都）参謀長の多田砲兵大佐（当時）を「満州国」軍政部最高顧問に充てることが決められた。多田は中華民国政府の応聘教官として北京陸軍大学校で二度教鞭をとるなど中国通として知られていたのである。一九三二年四月に多田を含む陸軍将校二一人と海軍将校二人が顧問として人選された。陸軍将校は関東軍司令部附とされた。多田は最高顧問として絶大な権限を与えられ、「満州国」軍の育成にあたった。最高顧問とはいえ関東軍司令部附であるから、「満州国」軍に対する権限に法的根拠はなかった。軍政部のトップは軍政部総長（帝制実施後は大臣）である。にもかかわらず最高顧問は実質的には軍政部のトップを超える存在だった。同年八月に多田は少将に進級する。

一九三四年八月一日付で多田は近衛師団に置かれた野戦重砲兵第四旅団の旅団長に補される。常助の七月一七日（火）の手帳には「午前七時ニ飛行機ニテ出発参謀部宿舎北則ニ自動車用意ス（多田少将）」とある。異動はすでに内示されていたはずであり、内地に戻る前に第七師団司令部にあいさつに訪れたのであろうか。七月一六日の手帳に書かれた俳句から当日の猛暑ぶりがわかる。

ただ、多田の内地勤務は一年だけで、ちょうど一年後の一九三五年八月一日付で多田は支那駐屯軍司令官に転じる。支那駐屯軍とは日本の公使館・領事館・居留民の保護を目的に華北に駐屯した陸軍部隊である（一九一二年の設置当初の名称は清国駐屯軍）。司令部は天津に置かれた。多田は対中親善を目指す。ところが、その方針に対する「抵抗勢力」の意思が働いたためか、異例に短い九か月でその任を解かれ、翌年五月一日付で第十一師団長に補される。その直前の四月二八日に中将に進級していた。善通寺に司令部がある第十一師団は常助のかつての勤務地であったことは前述した。

一九三七年七月に盧溝橋事件が勃発する。そして、八月一四日付で多田は病気の前任者に代わって参謀次長に就任するのである。参謀総長の閑院宮載仁親王は皇族であり実権はなかった。多田は事実上陸軍軍令のトップとなった。日中両国が全面的な戦争に突入していく中、多田は「良識派」の筆頭として交渉継続を主張してやまず和平実現を模索し続けた。それでも最終的には「積極論」に屈することになる。

「満州国」の関税率

七月一八日（水）
春見中佐出発飛行場ニ見送ス
全日部ニ挨拶ニ来ル参謀長ト将校ト互イニ□□アリ
一点ノ雲ナキ朝ヤ土用入り
七月二二日（日）
安藤税関長招待承徳ホテルニ臨ム九時半帰ル雷雨アリ各部長臨席
慰問品来ル

春見中佐とは春見京平歩兵中佐である。関東軍独立守備隊歩兵第六大隊（所在地・鞍山）長の任にあった。独立守備隊については第3章で言及した。大隊は聯隊と中隊の間に位置する編成単位である。春見は八月一日付で大佐に進級し、同日に甲府聯隊区司令官の補される。常助は春見が内地に帰るのを見送った。

安藤税関長とは安藤一郎承徳税関長のことである。「満州国」の関税率は建国後しばらくは中国海関（税関）時代の関税率を引き継いでいた。それは「満州国」にとって不都合が大きかった。とはいえ、その改正は国内の経済・財政・産業さらには国民生活にまで広く影響するため、政府は慎重に関税率の暫定的改正を逐次行っていった。一九三三年七月の二度目の改正は「輸出入貨物の全般に亘り其の関税率に一大改訂を行ひ満蒙の新情勢に適応した新なる関税政策の確立を期せるもの」であった。これを報じた同年七月二〇日付『読売新聞』は「奢侈品は増税　必需品は引下」と見出しを付けている。新関税率は七月二三日から実施された。これを受けて、同年一〇月一七日の国務院会議で大連はじめ七か所の関税長が任命され、本格的事務を開始することになった。このとき安藤が承徳税関長に任命されたのである。「満州国」の国務院は内閣に相当する。

後藤新平と満州医大

七月二五日（水）
午前七時半ヨリ紀恩堂ニテ高森博士ノ甲状腺腫ノ話ヲ聞ク

高森博士とは、高森時雄満州医科大学内科学教室教授兼医長のことである。京都帝大を一九一六年に卒業し、病理学教室に入り、内科入局、公立長浜病院に勤務した後、一九二七年六月に満州医大教授に就任している。満州医大は満鉄が初代総裁の後藤新平の発案に沿って、一九一一年一一月に奉天に設立した南満医学堂の後身である。その背景には後藤の経歴に基づく植民地経営に関する思想があった。

後藤は福島の須賀川医学校の出身である。同校は当時東北地方で唯一の医学校であった。その後愛知県病院長などを経て一八八三年に内務省衛生局に入った。今でいう医系技官である。臨床医をやめたのは、「個々の病人をなおすより、国家の医者となりたい」と考えたからだという。二年二か月のドイツ留学をはさんで一八九二年に内務省衛生局長に就任する。一八九八年三月からは台湾総督府民政局長（のち民政長官）を約八年八か月務めた。その間公衆衛生行政を重視して、一八九九年四月の台湾総督府医学校の開設にも深く関与した。公衆衛生の向上・医療環境の充実は植民地支配の正当性を担保するのである。一九〇六年一一月に満鉄総裁に栄転した後藤は、こうした思想を満州でも実現させていく。その起点が南満医学堂の創設であった。

しかし、植民地経営の「崇高」な理念とは裏腹に、満州では日本の法規範からは考えられない野蛮な事態が横行していた。たとえば解剖学実習である。それには解剖体は欠かせない。行き倒れを解剖体にする場合、日本であれば遺族を探して、もし遺族がいればその承諾を取らなければならなかった。一方、満州においてはそうした法的手続は不要で、「充分な量の「凍死した屍体」」が満鉄経由で南満医学堂へ送られたのである。「医学生にとって解剖体に不自由しない恵まれた環境」がそこにはあった（末永 2022：264）。

南満医学堂は一九二二年四月に予科三年・本科四年の大学に昇格し、満州医科大学（満州医大）に校名変更した。同年一〇月二日には開学祝宴が催され「市民学生ら一千余名」による提灯行列が行われた（一九二二年一〇月四日付『東京朝日新聞』夕刊）。日本敗戦後は中国が接収して、国立瀋陽医学院となり一九四八年に中国医科大学へ合併している。

高森の甲状腺腫調査旅行

満州、とりわけ熱河地方において地方病性甲状腺腫が蔓延していることはすでに知られていた。甲状腺腫とは甲状腺が大きく腫れ上がることをいう。高森もこれに関心を抱いていた。だが「当時ノ政治的状況ノ下デハ之ニ研究ノ手ヲ延バスコトハ不可能デアッタ。／満州事変ノ突発ハ余等ニ絶好ノ機会ヲ与ヘタ。昭和八年三月皇軍同地方〔熱河地方〕ニ入ルヤ戦塵未ダヲサマラザル同年七月余等ハ久保教授ト共ニ関東軍ノ命ヲ受ケテ調査研究ヲ行ヒ今日ニ及ンデ居ル」（高森 1937：270）。久保教授とは久保久雄満州医大病理学教室教授を指している。関東軍は駐留部隊員への蔓延を抑えるため、彼らに「調査研究」を依頼したのである。

罹患率の高い熱河地方の調査研究にとって、熱河作戦が「絶好の機会」となったとあけすけに記す感覚には、強い違和感を禁じ得ない。ただこれは高森に限らず、在満の医学者にとって共通の認識であった。ともあれ、高森は「余等ハ教室ヲ挙ゲテ熱河省、錦州省、蒙古、北支ノ調査旅行ヲ行ヒ大体ノ分布状況ヲ窺ヒ来タ」と書いている（同前：272）。常助が話を聞いたのは、この調査旅行の一環で高森が承徳を訪れたときのことであろう。

高森は「現地の承徳より」手記を日系の満州日報社に寄せ、それが一九三四年八月八日付『満洲日報』に掲載された。「熱河の奇病」の原因は沃度の欠乏にあるらしい。従って、沃度含有量の最も多い海藻類を摂ることで予防することができる。「此事実の発見は熱河在留邦人の福音で最早熱河進出の障碍は取り除かれた。余は敢て謂う。甲状腺腫恐るゝに足らずと。沃度含有量高き海草類を平生食するならば予防し得られる。即ち「コブ（昆布）で瘤（甲状腺腫）を取れ」のスローガンをかゝげ度い」。高森らは現地の患者を奉天の満州医大に連れ帰ることまでして、原因解明と予防の研究に従事した。ただしそれは「熱河進出」という国策に寄与する観点においてのことであった。医学は国策に従属していたのである。

加えて、高森は研究成果を「満蒙地方病」と題して第三三回日本内科学会総会で「宿題報告」している。この総会は一九三六年四月一日から三日にかけて東大法学部で開催された。

報告内容は『日本内科学会雑誌』第二五巻第三号（一九三七年）別冊として刊行された。調査旅行の経緯に関する上記引用文はそれに拠る。やはりそれに従えば、承徳の罹患率は調査した四地区の平均で約四四・二％にも上っていた。女子の方が罹患率は顕著に高かった。また、高森は「昭和九年ニ至リ戦雲鎮ルト共ニ邦人ノ進出漸ク目覚シキヲ加フルト同時ニ本病ノ罹患者モ亦相次イデ発見セラル丶ニ至ツタ」と述べている（高森　1937：282）。常助も他人事ではないと感じたと想像される。高森はその後、満州医大の付属病院に当たる満州医大医院の医院長を一九四四年三月から一年間務める。

戦後も高森は甲状腺腫の調査を愛媛県で実施する一方で、一九四八年二月に国立姫路病院長、翌年八月には徳島医科大学教授に収まった。徳島医大が徳島大学医学部に包括されたことにともない、一九五〇年二月に徳島大教授となり、徳大医学部長を一九五二年二月から一九五七年五月まで五年三か月も務めた。徳島大学退職後すぐに岐阜県立医科大学（現・岐阜大学医学部）学長に就任し、一九六〇年三月までその任にあった。

満州医大の医学犯罪

さて、「満州国」での医学犯罪といえば、七三一部隊と通称される関東軍防疫給水部本部の「悪魔の飽食」があまりに有名である。しかし、満州医大も医学犯罪の一端を担っていた。一九四〇年代になって、解剖学教室で中国人の三〇歳から四〇歳くらいの男性に対して「生体解剖」による脳研究を行っていたのである。これに基づいて発表された論文には「健全ニシテ新鮮ナ北支那人成人脳」を素材にしたと誇示する記述すらあった（15年戦争と日本の医学医療研究会編　２０１６：２１８）。「新鮮ナ」との形容詞に戦慄を覚える。ジャーナリストの本多勝一は現地を訪ねて、当時解剖学教室で一般雑役夫として働いていた中国人・張丕郷から「生体解剖」に関する証言を得ている。彼は解剖台の上に置かれた八人の死体の片づけを命じられた。

「私は解剖学教室に長くつとめたから知っていますが、死体であれば決してこんな鮮血は流れだしません。血の色が全く違います。だれが見ても、あれは生きた人間から流れだした血だったのです」と張さんはいった。（本多　１９８１：70）

戦時医学を研究している末永恵子によれば、張の証言の信憑性は高いという。末永はその証拠として四点を指摘する。うち一つだけ紹介すれば、満州医大に残されていた脳のプレパラート標本である。それは「血流の痕跡から死後きわめて短時間のうちにホルマリンで固定されたヒトの脳切片」であった（末永　２０２２：２７５）。すなわちこの標本は即死直後に作成されたのである。

「生体解剖」は満州医大による医学犯罪の最もおぞましい事例である。あるいは前出の久保は自身の研究のため処刑直後の「匪賊」の解剖に熱心であった。軍による「匪賊」の集団処刑の事前情報を得ると、軍に「匪賊」の病理解剖を申し出たのである。「二時間に一二体を解剖す」と題した文章も残している〈同前：272〉。日本国内であれば刑法の死体損壊・遺棄罪に当たる悪行である。軍の「好意」にすがって、悪魔の「業績」を在満の医学者たちは上げたことになる。

MTTのラジオ放送

七月二七日（金）
〈略〉ラジオヲ獣部長舎ニテ初メテ聞ク
七月三〇日（月）
〈略〉軍イ部長ニテラジオ聞ク
一一月二九日（木）
〈略〉軍イ部長ニテラジオ聞ク

軍医部長とは前出の佐藤武である。ラジオすなわち「満州国」の放送事業は、一九三三年九月一日に設立された満州電信電話株式会社〈以下MTT〉の中核的な事業として開始された。一九三二年一二月六日に「満洲に於ける電信電話事業に関する件」が閣議決定された。これを受けて日満両国政府間で「満洲ニ於ケル日満合弁通信会社設立ニ関スル協定」が一九三三年三月二六日に締結されるに至る。こうして日満両国政府の監督を受けるなど特殊な性格をもつ会社としてＭＴＴは発足した。中でも特徴的なのはＭＴＴが放送事業と電気通信事業を兼営するとしたことである。放送事業の財源として、聴取料収入、放送広告収入、および受信機専売益が想定されていた。とはいえ当初は赤字経営となることは容易に見込まれた。よって電気通信事業を兼営することで、採算性にとらわれずに国策に即応できる放送事業を行うことが可能となった。

この兼営について、ＭＴＴの放送普及課長を務めた武本正義（のちに東京放送取締役）は、次のように語っている。「電信電話と一体の会社だったから、放送部門の受ける利益は大変大きかった。軍の電信電話利用、つまりは軍用通信によって莫大な金が会社に入るので、放送は儲からなくても心配はいらなかった」（白戸 ２０１６：25）。

軍との強いつながりは、ＭＴＴの三代にわたる総裁が全員陸軍出身者であったことにも現れている。初代総裁は前述の山内である。とりわけ関東軍はラジオ放送による「満州国」の中国人に対する教化・宣撫を目指していた。それでも彼らから聴取料を徴収することは、その所得水準からして困難とみられた。一九三四年度の「満州国」におけるラジオ聴取者数は一万二三八六人であった。うち日本人と朝鮮人は一万二八四人で八三・〇％を占めていたのに対して、満州人は一三八四人で一一・二％にすぎなかった。一九三四年一一月には聴取料金月額一円の収受が開始された。その後、満州人の聴取者数は着実に増加していく。ついに一九四〇年度に至って日本人と朝鮮人一六万二九四八人（四七・九％）に対して、満州人一七万三五四三人（五一・〇%）と満州人が半数を上回る（石川 2004：8）。

これはMTTが「満州国」各地に放送局を設置して放送圏を拡大したこと、さらに電波の増強を図ったことに起因しよう。その上、MTTが低価格受信機を開発し直接販売したことも満州人に歓迎された。常助がラジオ放送を佐藤軍医部長宅で聴取した当時は、多くの日本人聴取者は欧米製の高級受信機を備えていた。これによって彼らは、MTTの番組よりも日本から送信されるニュースや演芸番組を聴いていたのである。

MTTの番組編成上の特徴として、二重放送体制が挙げられる。二重放送体制とは第一放送を日本語放送、第二放送を中国語を中心とする多言語放送としてそれぞれ別個に番組編成を行い実施する放送をいう。一九三六年一一月に開始され、満州人の聴取者数はこれを機に大きく伸びていく。一九三四年一一月に一〇〇キロワットの大電力放送施設を新京に完成させていた。これにより放送電波は「満州国」全土をカバーした。この電波に第二放送を乗せることで「五族協和」のイデオロギーを散布し、「満州国」民意識を涵養したのである。七時の放送開始時には「満州国」国歌が流された。

ただし、政治的な報道放送に偏していては新たな聴取者を獲得することは困難であった。そこでMTTは二重放送開始にあわせて広告放送を実施する。聴取料に加えて広告料を収入源にもつことで、番組を「聴かせる」内容へと充実させることが可能になった。すなわち、教養放送と娯楽放送も行われたのである。同時に広告放送は日本製商品の「満州国」における販売を促進することで、日満経済ブロックの実質化にも寄与した。

七月三一日（火）
〔略〕
進級異動ノ官報ヲ待ツ暑サ哉
進級ノ列次ニ漏レシ暑哉

勅任官と奏任官

常助は「進級」を期待していたが、それがかなわなかった落胆ぶりがうかがわれる。当時常助の官等は高等官三等、俸給は三級、位階は従五位、勲等は四等であった。『職員録 昭和九年八月一日現在』には第七師団軍法会議の筆頭法務官として「三等三級　従五勲四　堀木常助」と記されている。常助が高等官三等に陞叙されたのは一九二九年一二月二〇日付である（〔7-1〕）。それからすでに四年半以上が過ぎていた。

高等官とはいまのキャリア官僚にほぼ相当する。その中に親任官、勅任官、奏任官の身分的区別があった。親任官をのぞく高等官には九等級があり、親任官と高等官一等および二等が広義の勅任官とされた（〔2-5〕参照）。高等官三等以下九等までが奏任官である。勅任官には御璽と首相の記名がある官記が交付された。奏任官の官記には「内閣」と記されるだけである。要するに、高等官三等と高等官二等では単なる一等級の差以上の意味があった。常助は勅任官に上がることを待ち望んでいたのであろう。後述する死亡の年月日付で常助は高等官二等に陞叙される（〔7-2〕）。また、位階については一九二六年一〇月に位階令が公布され、近代的な位階制度が整えられた。一八八七年の叙位条例を受け継いで、正一位から従八位までの一六階が設けられた。

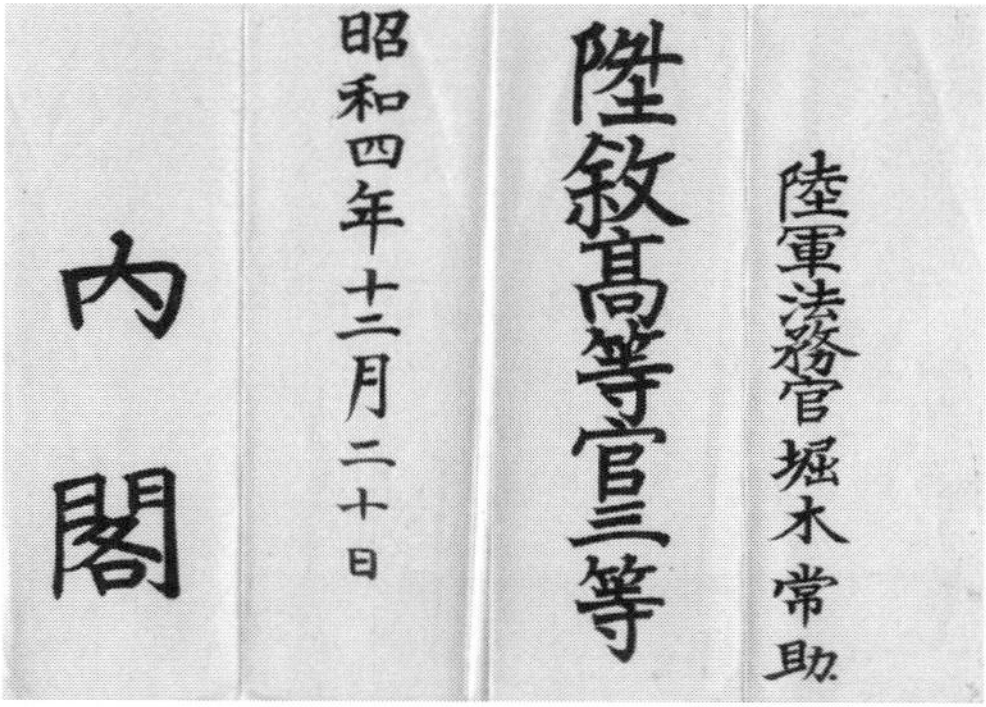

〔7-1〕常助の「陞叙高等官三等」の官記

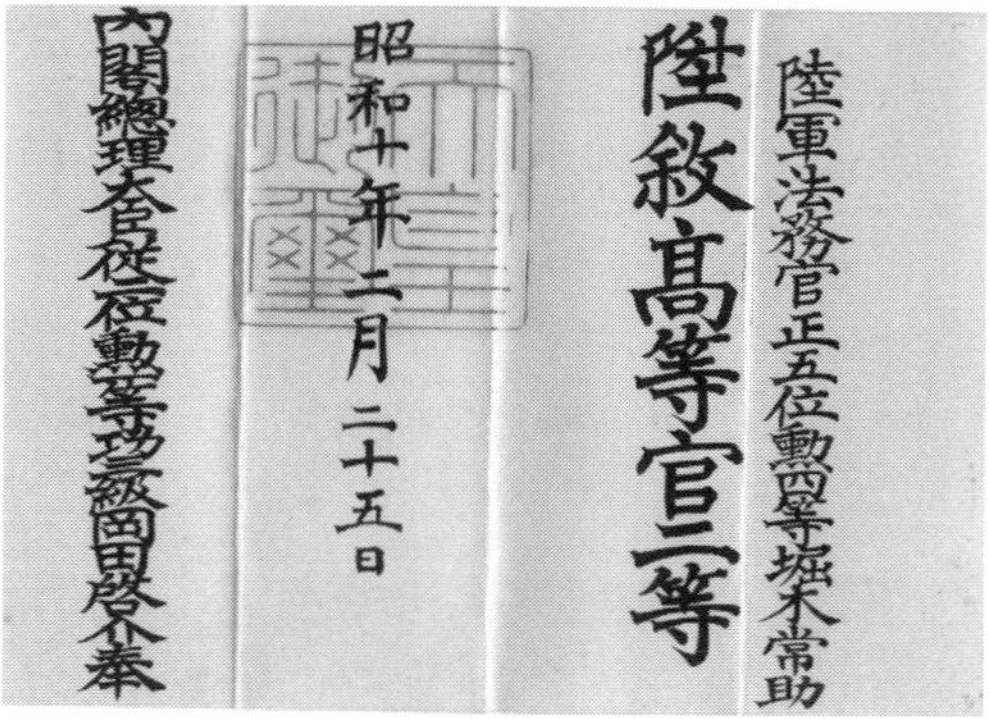

〔7-2〕常助の「陞叙高等官二等」の官記
御璽と首相の記名がある。

関東軍軍法会議法務官との連絡調整

八月七日（火）
坂口法務官来承ニ付□山ハフスニ北山録事ヲ出ス
八月八日（水）
坂口法ム官前川録事来部

八月一〇日（金）
〔略〕午后阪口法務官ヲ紀恩堂ニ招待ス（バター一箇紛失）
八月一一日（土）
坂口法ム官トラマ堂ニ至リ写真ヲ採《ママ》ル
八月一二日（日）
〔略〕坂口出発

「坂口」は「阪口」の誤記である。八月一〇日条には「阪口」と記している。阪口實陸軍法務官のことだと考えられる。阪口は六月二八日付で第九師団（司令部所在地・金沢）軍法会議法務官から関東軍（司令部所在地・旅順）軍法会議法務官に異動していた。その阪口が四泊五日の日程で承徳に出張してきたのである。阪口には常助と同じ第七師団軍法会議法務官の勤務歴があった（一九二三年九月二八日～一九二八年六月一九日）。「北山録事」は前出の第七師団軍法会議録事の北山兵吾を指している。「前川録事」は関東軍軍法会議録事の前川数馬のことである。

もちろん阪口は次に述べる鈴木同様に物見遊山に承徳を訪ねたわけではない。録事とともに第七師団法務部に出張し、関東軍法務部との連絡調整を図ったのであろう。

八月一四日（火）には「鈴木法ム官来ル」と書かれている。阪口と入れ替わるように鈴木法務官が訪ねてきたのである。この「鈴木」とは鈴木重義第五師団軍法会議附兼関東軍軍法会議附陸軍法務官だと思われる。また、当時鈴木は「満州国」軍政部（新京）の法務担当にも充てられていた。翌年一月一二日付で兼務を解かれて、第五師団軍法会議法務官となる。

承徳領事館が開館

八月一七日（金）
千葉大尉ヨリ鈴木法務官ノ宴会ノコトニ付名刺持チ来ル宴会取止ノ通知アリ
領事館ニテ歌ヲウタフ
八月一八日（土）
鈴木法務官ヲ飛行場ニ送ル

「千葉大尉」がだれを指しているかは不明である。いずれにせよ鈴木も四泊五日の日程で出張してきた。ところで、一九三二年六月一四日に衆議院本会議は「満州国」承認決議案を満場一致で可決した。九月一五日には日満議定書が締結され、日本は「満州国」を正式に承認して同「国」と外交関係を樹立した。

日本側は新京に在「満州国」大使館を同年一二月に設置し、総領事館をハルビン、新京、吉林、間島、奉天に置いた。さらに「満州国」各地に三〇以上の領事館と分館出張所を設けた。承徳には当初赤峰領事館承徳出張所が置かれた。ところが「承徳の異常なる発展と千五百に近い邦人の進出に鑑み」（一九三四年八月一一日付『満洲日報』）、一九三四年外務省告示第七五号により八月一〇日付で領事館が開館された（7）

〔7-3〕承徳の日本領事館
中段右端に見える表札に「領事公館」と書かれている。

3)。出張所から昇格したのである。時の外相はのちに首相となり、極東国際軍事裁判（東京裁判）で文官としてただ一人処刑された広田弘毅である。常助は開館直後の領事館で何を歌ったのか。

八月一五日（水）
張海鵬ヨリ招待状来ル気分進マズ断ル

前述の「満州国」の元勲である張海鵬陸軍上将の招宴を「気分進マズ」断っている。「気分」について具体的には書かれていない。このとき張は承徳に置かれた第五軍管区司令部の司令官であった。「満州国」軍での将官には上将、中将、少将の三級が存在した。

コレラの蔓延

八月二〇日（月）
丸内大尉ヲ飛行場ニ送ル藝妓モ飛行機ニ乗ルモノアリ

「丸内大尉」とは、第七師団歩兵第十三旅団歩兵第二十六聯隊に所属していた丸内忠八大尉のことであろう。「藝妓」も搭乗したことに常助は驚いている。軍隊あるところに彼女たちも必ず存在する。

八月二二日（水）

雨降リ中々止マス坂口法務官ト家ニ写真ヲ送ル虎列拉ノ注射ヲナス風呂ニ入ル、菊地大尉ヨリ山本新聞記者ノ名刺ヲ受ク〈秋ノ雨終日読書シタリケリ〉

「虎列拉」とはコレラである。一年前の一九三二年夏に満州でコレラが蔓延した。七月初旬の発生以来奉天を中心に同月末までに死者は五〇〇人以上に及んだ。翌月上旬にはハルビンに大水害が襲い、折からのコレラ感染の拡大が被害をより深刻にさせた。「生地獄・ハルビン　水攻めコレラ責め」との見出しが打たれたほどである（一九三二年八月一三日付『読売新聞』）。八月一五日付の『東京朝日新聞』は「コレラ予防注射液は空輸中なるも、ハルビン市中は医者の手不足で注射を十分行ふことが出来ない、ハルビン市当局も方法なきため断然たる防疫手段がとれず、コレラは鼠算的に増加してゐる」と伝える。まるで二〇二〇年以降のコロナ禍を想起させる。一八日付『読売新聞』は「〔水害の〕罹災民のコレラ患者も益す増加する一方で既に一千名を突破せんとしている、日満当局が極力防疫に努めているも無知な災民は讒言に惑はされて予防注射を惑ひ防疫官も手古摺つて居る」と報じた。

「満州国」政府はこの苦い経験を受けて防疫対策を衛生行政の柱とする。すなわち、予防治療材料の製造と防疫動員の準備を円滑に行い得る体制を早急に整えていくのである。常助の予防注射もその一環だと考えられる。

軍刀術と銃剣術

八月三一日（金）

八時半ヨリ剣術大会アリ軍刀術ト銃剣術ニ分カル食堂及紀恩堂西側ナリ将校三浦少佐西村軍曹ノ優勝紀恩堂ニテ宴会

軍刀術で優勝した「三浦少佐」とは、歩兵第二十六聯隊の三浦嘉一少佐を指していよう。明治初期の陸軍戸山学校にあってはフランス式の剣術教育が行われた。一八八九年にはじめて制定された剣術教範はフランスの教範を翻訳したものであった。そこでの軍刀術は前足だけで進退するフェンシングの動作に準じていた。それが実戦には不向きだとして、一八九四年に教範が改正された。より攻撃的な剣術技法が採用された。だが、軍刀の制式は片手のままであった。依然として洋式剣術を推す意見が強かったのである。

ところが、日露戦争は射撃戦だけに頼っていては決着をつけられず、最後は白兵戦が勝敗を決することを明らかにした。これは軍隊剣術を再評価させることになる。結果として、ついに一九一五年の教範改正により両手軍刀術が採用された。この採用を主唱した山田良之助陸軍戸山学校長は、翌年に『銃剣術両手軍刀術教育法ノ範例』を同校から出版した。「動作ノ概念」には「構刀ノ姿勢ハ剣術ノ基本姿勢ナリ故ニ進退自在ニシテ白兵ノ使用ニ便ニ」と記されている。

片や銃剣術についても、当時の陸軍は同時期にフランス式銃剣術の指導を戸山学校で受けている。それが上記の一八九四年の教範改正で、銃剣術も刺突動作の際にフェンシング式に前足だけを踏み出すのを改め両足を順次進ませるなど、より攻撃的に変更された。山田の『範例』における銃剣術の「動作ノ概念」にも「構銃ノ姿勢ハ剣術ノ基本姿勢ナリ故ニ進退自在ニシテ白兵ノ使用ニ便ニ」と、軍刀術とほぼ同文がみられる。

いずれにせよ、軍刀術と銃剣術は一対となって白兵戦の中核的戦闘技術として位置づけられていた。

「満州国」での日本語新聞

九月三日（月）

交通杜絶ノ為新聞手紙等来ラズ

「満州国」では日本語新聞として、満鉄系の『満洲日日新聞』（一九二七年一一月から一九三五年八月までは『満洲日報』）、『大連新聞』、『大新京日報』（一九三八年一〇月から『満洲新聞』に改題）があり、非満鉄系として『満洲新報』、『新京日日新聞』などがあった。中でも最大の新聞は『満洲日日新聞』（通称『満日』）で、発行部数は最盛期には四万部を超えていた。『満日』は一九〇七年一一月三日に発刊された。当初、満鉄は同紙に対して資金援助はしたものの資本参加することはせず、『満日』社を個人経営の会社として立ち上げた。それまで満州で出されていた新聞各紙が「不偏不党」などを掲げていたため、露骨な「満鉄色」を打ち出すことは控えられたのである。

しかし、一九一三年一一月より『満日』社は株式会社化され、満鉄は同社の株式の八二％を引き受けた。こうして『満日』は満鉄の御用新聞的性格を強めていく。同紙以外にも満州事変までに満州のほとんどの新聞は満鉄の「資金による操縦」の下に置かれていた。一九三六年九月に至ると満鉄が『満日』社の株式を一〇〇％保有する。

第2節　「満洲帝国」と国防婦人会

みたび体調を崩す

九月五日（水）

〔略〕

竹沢法務官十、十一月頃部長招集スル旨ノ通知来ル

「竹沢法務官」とは竹澤卯一陸軍法務官に違いない。竹澤は一九三三年一二月二〇日付で関東軍軍法会

議法務官に補され、同時に関東軍法務部長にも補されていた。その竹澤から第七師団法務部長である常助に、一〇月か一一月に招集されるとの連絡が届いたのである。

九月七日（金）
王永清ノ招宴ヲ断ハル（□□□興楼）下痢ノ為ナリ

王永清は当時承徳の第十一地区警備軍地区警備司令であった。満州事変直後には、王永清が率いる部隊は関東軍の討伐対象とされていた。ところがその後関東軍に帰順し、「満州国」軍に組み込まれ前述の一九三三年初春の熱河作戦の折りに張海鵬軍の先遣部隊として「活躍」した。一九三五年四月には陸軍中将にして「満州国」軍政部第五軍管区承徳地区司令官として、「満州国日本軍事見学武官」一行を率いて来日している（一九三五年四月一七日付『東京朝日新聞』夕刊）。常助は張海鵬の招宴を断ったときとは異なり、理由を「下痢ノ為」と記している。この頃、承徳から一五〇キロほど北東の熱河省寧城県に赤痢が蔓延していた。「終熄の模様なく猖獗を極めてゐる」と報じられている（一九三四年九月三日付『満洲日報』）。

「満洲帝国」国務総理大臣と対面

九月九日（日）
国務総理午前十一時四〇分着陸、午后一時ホテル到着後名刺ノ挨拶、

三時四〇分師団
九月一〇日（月）
師団長鄭総理招待紀恩堂（午后六時）鄭氏張海鵬上将ト握手ス

一九三二年三月九日に「満州国」の執政・溥儀は大同元年教令第一号として政府組織法を公布・施行した。冒頭に「茲ニ政府組織法ヲ発布シ以テ満洲国ヲ統治スル国政ノ根本法ト為ス本法ハ将来民意ヲ採取シ満洲國憲法ヲ制定スルヲ俟テ直ニ之ヲ廃止ス此ニ令ス」と謳われた。つまり政府組織法は憲法に相当した。一九三四年三月一日に溥儀は「満洲帝国」皇帝に就く。それにあわせて、政府組織法は廃止され、新たに組織法が同日付で公布・施行される。結局「満州国」で憲法が制定されることはなかった。

組織法の第一条には「満洲帝国ハ皇帝之ヲ統治ス」とあり、第三条は「皇帝ハ国ノ元首ニシテ統治権ヲ総攬シ本法ノ条規ニヨリ之ヲ行フ」と定めた。「満州国」の正式の国号は「満洲帝国」となり、その主権は皇帝にあった。そして第四条には「国務総理大臣ハ皇帝ヲ輔弼シ其ノ責ニ任ス」と定められていた。第二七条に「国務院ハ諸般ノ行政ヲ掌理ス」と、さらに第二九条に「国務院ニ国務総理大臣及各部大臣ヲ置ク」と記されている。すなわち国務総理大臣は「満州国」の首相的位置づけに、国務院は内閣に当たる機関とされた。

「満州国」の初代「国務総理」に就いたのが、溥儀の教育を担当し溥儀とともに天津から満州に脱出した鄭孝胥であった。鄭は組織法施行後もその地位に留まった。名称は「国務総理」（政府組織法第二九条）

から「国務総理大臣」に改められた。

ちなみに、明治憲法第五五条第一項は「国務各大臣ハ天皇ヲ輔弼シ其ノ責ニ任ス」と規定している。天皇を補弼するのは「国務各大臣」であって、内閣総理大臣のみが輔弼するわけではない。そもそも明治憲法には「内閣総理大臣」という文言は存在しない。「満洲帝国」の国務総理大臣には明治憲法下の「国務各大臣」より格段に強い権限が与えられていたのである。

とはいえ、「国務総理大臣」に実権はもちろんなかった。国務院の下に官房的組織として総務庁が置かれた。ここに人事・財源・資源を統制する行政権限が集中し、総務庁中心主義とよばれた。もちろん、関東軍による前出の「内面指導」は総務庁を通じて実質的に行われたのである。そのトップである総務長官（当時は総務庁長）こそ「国務総理大臣」を補佐する真の実力者であった。従って、このポストには必ず日系官吏が任ぜられた。「満州国」をいわば実効支配していた「二キ三スケ」と俗称される五人の日本人の一人である、大蔵官僚出身の星野直樹も総務庁長、総務長官を三年七か月ほど務めている。

一方、鄭がこのとき握手した張海鵬は、上述のとおり当時は承徳の第五軍管区司令部の司令官であった。

陸軍築城部

九月一二日（水）

早見隊長出発晴

橋畔マデ飛場マデ歩ス　山ノ内電々社長モ来ル

「早見隊長」とはだれなのか。一九三四年に刊行された二冊の『職員録』のいずれにも、第七師団野砲第七聯隊の聯隊長に「早速廣吉砲兵大佐」の氏名がある。「早速」を「早見」と誤記したのか。一方、「山ノ内電々社長」とは山内《やまのうち》静夫ＭＴＴ総裁を指している。ＭＴＴは放送事業と電気通信事業を兼営する日満合弁の国策会社であることはすでに述べた。山内はもともとは職業軍人であった。陸士九期（一八九七年卒）の優等卒業生であり、工兵少尉に任官した。一九二三年八月に陸地測量部長、次いで一九二七年七月に築城本部長を歴任している。翌年三月には陸軍中将に進級する。

築城本部については築城部条例（明治三〇年勅令第三〇六号）に定められている。その第一条は「築城部ハ陸軍大臣ノ管理ニ属シ国防用防禦営造物ノ建築修繕保管及ヒ之ニ関スル砲兵事業ノ調査並ニ工兵事業ヲ掌リ且其所属地ヲ管轄スル所トス」となっている。「国防用防禦営造物」とは具体的には要塞の砲台や防空施設などのことである。皇居内にある大本営地下壕（御文庫附属庫）も陸軍築城部（昭和七年勅令第一七八号により築城部は陸軍築城部に改称）が建設した。ここで一九四五年八月一〇日と一四日の二回御前会議が開かれ、昭和天皇が敗戦を「聖断」した。第二条は「築城部ハ築城本部及築城支部ヨリ成ル／本部ハ之ヲ東京ニ置キ各支部ヲ統轄ス」と定める。第三条は「本部長　陸軍少将若クハ工兵大佐」としている。この規定に基づき、山内は陸軍少将のときに築城本部長に就いた。

一九三二年八月に山内は予備役に編入された。次いで満鉄顧問を経て翌年九月から業務を開始した

MTTの初代総裁に就いていた。

「橋畔」の「橋」とは次項にある承徳橋のことである。常助がよく釣りをしていた武烈河（〔6-1〕）に架かっていた。それを渡ると承徳駅があり、さらにその先に飛行場があった。

昭和天皇の「御真影」到着

一〇月一五日（月）
領事館ニ御眞影到着ニ付承徳橋ニ出迎ヲナス

「御真影」とは天皇あるいは天皇・皇后の公式の肖像写真である。明治維新直後から、国家元首たる天皇の威光を印象づけるため在外公館を含む政府諸機関に下付された。一八八二年からは官立学校への下付も開始された。次いで下付は府県立学校へと広がり、一八八九年一二月には市町村立高等小学校までが下付範囲とされた。ようやく二〇世紀初頭までには既存の公立小学校にほぼ行き渡ったといわれる。肖像写真といっても当時は天皇をカメラで直接撮影したものではなかった。御雇外国人でイタリア人のエドアルド・キヨッソーネがハンドライティングした肖像を、写真に収めて制作した。

各学校は「御真影」と一八九〇年一〇月に発布された教育勅語の謄本について、きわめて厳重な管理が求められた。そのための奉安所が整備されていく。

たとえば、一九〇七年四月一三日付『官報』には「学事」として「御真影奉安所ニ関スル件」という文部省による記事がある。それによれば「宮城県知事ヨリ去月同県仙台市各学校ノ多クハ校舎民家ニ接近シ且ツ其構造耐火ノ材料ニ乏シク万一ノ場合ニ堪エサルノ虞アルヲ以テ今般同市ニテ市役所構内ニ堅牢ナル奉安所ヲ建築シテ右各学校へ下賜ノ御真影ヲ奉置シ式日等ニ各学校ニ奉移参拝セシメタシト伺出ニ付キ差支ナキ旨回答セリ」という。一九二四年一二月からは、『官報』に「御真影」の奉安庫・奉安所の広告がしばしば掲載されるようになる。

大正天皇が一九二六年一二月二五日に死去する。それを受けて、全国の各種学校、政府諸機関、陸海軍軍艦、在外公館などにあった「御真影」を昭和天皇のそれに差し替える必要が生じた。とはいえ昭和天皇の撮影がすぐには行われなかった。大正天皇死去当日に勅令である大喪使官制が公布・施行された。翌一九二七年一二月二六日に同官制が廃止されるまで、諒闇《りょうあん》すなわち服喪の期間であった。諒闇明けの一九二八年一月一七日に昭和天皇の「御真影」がついに撮影された。後日皇后の写真撮影も行われた。両者の「御真影」はそれぞれブロマイド全紙サイズ（４５７×５６０ｍｍ）であったため「複写謹製」に時間を要し、約五万組の下付に半年かかると見積もられた。「複写謹製」は皇居内の空地に「百坪の大写真場」を「拡張新築」するほどの大掛かりの作業となった（一九二八年二月二日付『東京朝日新聞』）。

前述のとおり、承徳に領事館が開設されたのは一九三四年八月のことであった。その後二か月してようやく「御真影」が届けられたのである。

戦前は祭日と祝日が休日だった

一一月三日（土）

午前九時五十分承徳領事館ニ集合、午前十一時祭典ニ参列午後五時紀恩堂ニテ明治節祝宴

いまでは一一月三日は「文化の日」として「国民の祝日」となっている。法的根拠は「国民の祝日に関する法律」である。一九四八年七月二〇日に公布・施行された。同法は第三条で「「国民の祝日」は、休日とする」と定めている。同法制定までは「休日ニ関スル件」という大正元年勅令第一九号（一九一二年九月三日公布・施行）によっていた。それは「左ノ祭日及祝日ヲ休日トス」として、次の合計一〇日の休日を規定している。

元始祭　一月三日
新年宴会　一月五日
紀元節　二月一一日
神武天皇祭　四月三日
明治天皇祭　七月三〇日
天長節　八月三一日
神嘗祭　一〇月一七日

新嘗祭　　　一一月二三日
春季皇霊祭　春分日
秋季皇霊祭　秋分日

この勅令は翌一九一三年七月一六日に改正され（大正二年勅令第二五九号）、一〇月三一日を「天長節祝日」とした。休日が一日増えたのである。そして同年七月一八日付で宮内省告示第一五号が出され、八月三一日には天長節祭のみを行い一〇月三一日に宮中で拝賀宴会を行うと定められた。加えて宮中に参賀するか、賀表を捧呈する者はこの日になすこととされた。要するに、暑い中で祝賀行事を実施することはせず、これを二か月遅らせることにしたのである。ちなみに、私の勤務する大学も創立記念日は一月一七日であるが、別に一一月一日を創立記念祝日としている。寒い時期を避けて、創立にかかわる式典は一一月一日に挙行される。

やがて天皇の代替わりにともない、「休日ニ関スル件」は一九二七年三月三日に改正され（昭和二年勅令第二五号）休日が変更された。

明治天皇祭　七月三〇日　→　廃止
天長節　　　四月二九日　→　八月三一日から移動
天長節祝日　一〇月三一日　→　廃止

明治節　一一月三日　↓　新設
大正天皇祭　一二月二五日　↓　新設

このように廃止と新設があり、合計で法定の休日数は一一日のまま変わらなかった（〔7-4〕）。大正天皇の死去にともなう改正である。彼の死去日を祝日とし、明治天皇の死去日の祝日を廃止して、その代わりの彼の誕生日を明治節という祝日にした。これらとは別に一月一日は「四方拝」として慣例的に休日であった。国民の祝日に関する法律の施行後は「国民の祝日」が休日であるが、それ以前は「祭日」と「祝日」が休日とされていた。

昭和九年七曜一覧表
（西暦 1934）神武紀元二千五百九十四年

	日	月	火	水	木	金	土
一月	…	1	2	3	4	5	6
	7	8	9	10	11	12	13
	14	15	16	17	18	19	20
	21	22	23	24	25	26	27
	28	29	30	31	…	…	…
	…	…	…	…	…	…	…
二月	…	…	…	…	1	2	3
	4	5	6	7	8	9	10
	11	12	13	14	15	16	17
	18	19	20	21	22	23	24
	25	26	27	28	…	…	…
	…	…	…	…	…	…	…
三月	…	…	…	…	1	2	3
	4	5	6	7	8	9	10
	11	12	13	14	15	16	17
	18	19	20	21	22	23	24
	25	26	27	28	29	30	31
	…	…	…	…	…	…	…
四月	…	…	…	…	…	…	…
	1	2	3	4	5	6	7
	8	9	10	11	12	13	14
	15	16	17	18	19	20	21
	22	23	24	25	26	27	28
	29	30	…	…	…	…	…
五月	…	…	1	2	3	4	5
	6	7	8	9	10	11	12
	13	14	15	16	17	18	19
	20	21	22	23	24	25	26
	27	28	29	30	31	…	…
	…	…	…	…	…	…	…
六月	…	…	…	…	…	1	2
	3	4	5	6	7	8	9
	10	11	12	13	14	15	16
	17	18	19	20	21	22	23
	24	25	26	27	28	29	30
	…	…	…	…	…	…	…

	日	月	火	水	木	金	土
七月	1	2	3	4	5	6	7
	8	9	10	11	12	13	14
	15	16	17	18	19	20	21
	22	23	24	25	26	27	28
	29	30	31	…	…	…	…
	…	…	…	…	…	…	…
八月	…	…	…	1	2	3	4
	5	6	7	8	9	10	11
	12	13	14	15	16	17	18
	19	20	21	22	23	24	25
	26	27	28	29	30	31	…
	…	…	…	…	…	…	…
九月	…	…	…	…	…	…	1
	2	3	4	5	6	7	8
	9	10	11	12	13	14	15
	16	17	18	19	20	21	22
	23	24	25	26	27	28	29
	30	…	…	…	…	…	…
十月	…	1	2	3	4	5	6
	7	8	9	10	11	12	13
	14	15	16	17	18	19	20
	21	22	23	24	25	26	27
	28	29	30	31	…	…	…
	…	…	…	…	…	…	…
十一月	…	…	…	…	1	2	3
	4	5	6	7	8	9	10
	11	12	13	14	15	16	17
	18	19	20	21	22	23	24
	25	26	27	28	29	30	…
	…	…	…	…	…	…	…
十二月	…	…	…	…	…	…	1
	2	3	4	5	6	7	8
	9	10	11	12	13	14	15
	16	17	18	19	20	21	22
	23	24	25	26	27	28	29
	30	31	…	…	…	…	…

〔7-4〕戦前の祭日と祝日
常助が使用していた1934年の朝鮮殖産銀行の手帳に掲載されていた「昭和九年七曜一覧表」。休日が太字になっている。

戦前の休日は戦後名称を変えて、その多くが継続（「元日」「春分の日」「天皇誕生日」「秋分の日」「文化の日」「勤労感謝の日」）または復活（一九六七年より「建国記念の日」）している。元号のみならず休日にも天皇による時間支配が続いている。

「満州国」軍の軍事司法

一一月一六日（金）
釣2、佟軍法処長及佟軍法上尉来ル

当時の日本の場合、まだ法務官は将校相当官すなわち武官ではなく文官であった。日本で法務官の身分が武官へ、すなわち陸軍法務部将校および海軍法務科士官へと移行されるのは、終章で述べるように一九四二年のことである。一方、「満州国」にあっては当時、軍法務担当者は武官である将校相当官（「満州国」の呼称では将校同等官）に位置づけられた。軍法上尉は一九四二年以降の日本の呼称でいえば法務大尉である。

一一月二七日（火）
五軍々法処ヨリ呼ヒニ来ル予審見学ノコトナリ

「五軍」は承徳に司令部が置かれていた「満州国」軍第五軍管区を指していよう。続く軍法処とは軍法会議の「満州国」軍における呼称であり、その軍管区ごとに軍法会議が置かれていたと推測される。上記一一月一六日条にある「軍法処長」は、日本陸軍の各師団などに設置された軍法会議の裁判長に当たるポストだと思われる。日本においては陸会によって予審は予審官が担当すると定められていた（第六一条）。続く第六二条には「予審官ハ法務官中ヨリ長官之ヲ命ス」となっている。常助も予審官として予審を担当した経験は当然あったはずである。その常助に「五軍」の軍法会議の予審を見学させて意見を求めたということか。一九三五年三月七日付で、第七師団軍法会議法務官の大久保省二が同僚だった常助に死去にあたって弔詞を寄せている。そこに「満洲国第五軍管区司令部嘱託トシテ満洲国軍司法事務ヲ指導サシ」との記載がある。

ところで、陸軍法務官の日高巳雄は軍法会議法の逐条解説を書いている。それによれば「予審機関とは公訴を提起すべきや否やを決する為、換言すれば審判機関の審判を求むるに足るべき犯罪の嫌疑ありや否やを決する為、強制力を用ゐて其の根拠と為るべき訴訟材料を蒐集する独立の機関」という。もとより起訴するのは検察機関である。しかし検察機関は原告となるので「被告人に有利な反証を閑却する虞がある」。そこで「検察機関の外に公平な地位にあり且つ強制力を有する独立の機関」として予審機関が必要とされると説明する（日高 1938：49）。

国防婦人会

一二月二日（日）

国防婦人会アレドモ行カズ

日本ではじめてのファッショ的女性団体である国防婦人会の淵源をたどれば、満州事変に行き着く。満州事変は民衆の間に「国防献金」とよばれる大献金運動を引き起こす。大阪で大阪防空献金運動がはじまり、その直後の一九三二年三月一八日に大阪国防婦人会が結成される。とはいえ会員は大阪市港区市岡の女性たち四〇人ほどにすぎなかった。大阪港から出征していく兵士たちに湯茶の接待をしたのである。その中心人物となった安田せいは「お国の為に命を捧げる人々に安心して出発して貰うのが銃後婦人の勤めである。これが自分の為の仕事だ」と強く自覚したという（藤井1985：39）。

大阪港の近くに住む女性たちがはじめたこの自発的運動は、陸軍の注目するところとなった。これをとりわけ助力したのは、大阪にあっては第四師団司令部外事部主任の石井嘉穂歩兵中佐である。東京では陸軍省恩賞課長で恤兵監兼任の中井良太郎歩兵大佐であった。のちに石井は「国防婦人会の父」とよばれる。加えて、呼応する女性たちの「奔走辛苦四ヶ月」の末、一九三二年一〇月二四日に「大日本国防婦人会」を正式名称とする運動体が発足する。一九三四年には一〇〇万人を組織するまでになる。

戦前、多くの女性は結婚すれば「家」に入って家事・育児・介護に追われた。シャドウワークである。社会的に活躍の場を見出せた女性はわずかにすぎなかった。ところが、国防婦人会の活動は女性たちをシャドウから日の当たる場所に連れ出したのである。「自分は社会から必要とされている」という喜びを女性たちに与えた。「家」に縛り付けられ姑に忍従していた女性たちにとって、国防婦人会の活動はその縛りを解き姑の目を気にせず外出できる機会となった。陸軍は女性たちのかかる心理を巧みに利用したのである。その上、彼女たちの夫や息子が戦争で命を落としても反戦感情をもたせない「教育」的な狙いもあった。二〇二一年八月一四日放送のNHKスペシャル「銃後の女性たち～戦争にのめり込んだ〝普通の人々〟～」は、国防婦人会にこのような角度から光を当てた。

満州でも一九三四年春以降国防婦人会結成の機運が高まり、同年九月九日に大日本国防婦人会新京支部が結成された。これに尽力したのは赤木常磐であった。赤木は同年三月に大阪で石井中佐から、さらには東京においては中井大佐から満州で国防婦人会を組織してほしい旨の懇請を受けた。満州に戻った赤木は、「家に荷物を投げ込むやうにして直ちに車の人となり、全満洲を東西に奔走して、各要人に会ひ、国婦結成を談じて満洲の隅から隅までを行脚したのであつた」という（大日本国防婦人会総本部編 1943：528）。その後満州各地で支部や独立分会が設立されていった。承徳に独立分会がつくられたのは同年一二月である。常助はその発会式への出席を見送ったのであろう。

大日本国防婦人会の満州支部とは別に、「満洲帝国国防婦女会」が一九三四年一〇月二一日に新京で発足する（一九三四年一〇月二二日付『満洲日報』）。日満軍人、遺家族に向けた弔慰、奉仕を実施することが目的とされた。名誉会長に張景恵軍政部大臣（のちの国務総理大臣）夫人、会長に張燕郷実業部大臣（のちに外交部大臣）夫人が就いた。

それに先立つ同年三月一日に、執政の地位にあった溥儀が皇帝に即位する。その祝賀会場に満州国婦人会旗を掲げて乗り込んだ女性がいた。満州事変勃発とともに女性初の従軍記者として渡満した永田美那子である。彼女は任務を終えていったん帰国したものの、満州協和会婦人部長として再び渡満していた。永田は「『五族協和』ということのなかには、約半数の女性も含まれているはずだ」と考えて（永田

1968：157）、満州在住の女性たちを団結させる満州婦人会の設立を目指した。祝賀会場での永田の行動に張燕郷実業部大臣が注目し、その運動を支援した。

一九三七年一二月に「満州国」における日本の治外法権は完全に撤廃され、満鉄附属地の行政権は「満州国」へ移譲された。これにともない、翌年二月八日に在満の大日本国防婦人会と「満洲帝国国防婦女会」を解散させて一元化された銃後婦人団体を創設することが決められた。よって同年四月三日に「満洲国防婦人会」の発会式が全満州と関東州で一斉に挙行された。

前述の映画『この世界の片隅に』の中には、主人公のすずが「大日本婦人会」と刷られたたすきをかけて出かけていくシーンがある。一九四五年三月三一日と日付が入る。同じたすきをかけた近所の女性たちと連れだって、赤紙が届いた家庭を訪ねる。そして日の丸の小旗を振って、出征する一七歳の青年とその母親に、沈んだ声で「おめでとうございます」とあいさつするのである（DVD開巻後1時間15分5秒〜17秒）。「大日本国防婦人会」は一九四二年二月に政府・軍部主導により「愛国婦人会」および「大日本連合婦人会」と統合され、「大日本婦人会」となった。この団体は二〇歳未満の未婚女性を除くすべての女性を組織した。

宮城遙拝

一二月二三日（日）

皇太子殿下遙拝式ヲ午前七時高地ニテ行フ

一二月二五日（火）

大正天皇祭、紀恩堂西方高地ニテ遙拝

当時の「皇太子殿下」、つまりいまの明仁上皇の誕生日に「遙拝式」が行われた。一二月二五日は大正天皇が没した日である。「遙拝」とは宮城遙拝の意味である。宮城すなわち皇居の方角に向かって敬礼する儀式をいう。宮城遙拝は満蒙開拓団でも行われていた。一九三七年七月に日中戦争がはじまると、翌月に政府は「国民精神総動員実施要綱」を閣議決定する。それにより文部省も「国民精神総動員」の計画主務庁の一つとされた。こうして宮城遙拝が学校現場で組織的に行われていく。先に取り上げた「御真影」とともども皇民化教育の重要なシンボルとなった。

興味深いのは「満州国」の学校における宮城遙拝である。現地で当時経験した中国人によれば、それは「学校で毎日やらされた」。まず天皇のいる東京の方向に敬礼し、次いで向きを変えて「満洲帝国」皇帝の方を拝んだという（二〇〇七年一〇月三〇日付『朝日新聞』）。日本の陸軍士官学校に相当する「満州帝国陸軍軍官学校」でも、毎朝この順番で二度の宮城遙拝がなされた。「満州国」の憲法に当たる組織法第一条は「満洲帝国ハ皇帝之ヲ統治ス」と謳う。これがいかに空文化していたかをよく示している。

第8章　戦病死と四万円寄付

常助の最後の二か月を一九三五年の手帳に依拠して追いかけていこう。

陸士留学生が中心であった「満州国」軍

一月五日（土）

王静修中将来ル

（一九三四年の手帳の記入欄が一九三五年一月五日まであり、そこに書かれた一文）

「王静修」は陸士留学八期生の一人である。日清戦争、三国干渉、ロシアの旅順・大連租借（一八九八年）を経て、日本は清への影響力を強めようとする。その手段の一つが清への軍事顧問派遣であり、もう一つが清国留学生の受け入れであった。その事業は一九〇〇年入学の一期生から一九一〇年入学の九期生まで続いた。合計で五八一人の留学生が陸軍士官学校で学んだ。留学八期生の修業期間は一九〇九年一二月から一九一一年五月までであった。彼ら五三人のうち二五人は奉天出身であり、王静修もその一人である。

彼らの帰国後まもなくして辛亥革命が起こる。奉天省にあっては張作霖が勢力を拡大させ、奉天軍を主導することになる。陸士留学八期生はここに集結していく。王静修は張作霖の下、東北陸軍講武堂黒竜江分校教育長を、張作霖爆殺事件（一九二八年）後の張学良期には黒竜江省国防籌《チュウ》備処参謀長を務めた。東北陸軍講武堂とは日本の陸軍士官学校に相当する軍学校である。

満州事変に際して、奉天軍の約三分の一は日本に帰順したとみられる。それには陸士留学八期生が「親日」的存在として無視できぬ影響を及ぼした。王静修も帰順している。「満州国」にはこれらをはじめ日本に帰順した兵力によって「満州国」軍がつくられた。一九三二年四月時点の「満州国」軍が一一万六三九六人なのに対して、抗日勢力は二一万五〇〇〇人であった（以上、及川 2019参照）。

「満州国」では執政、帝制実施後は皇帝の下に国務院が置かれ、さらにその下に国務院各部が配された。その一つが「満州国」軍の軍政を管理する軍政部である。トップを総長、帝制実施後は大臣と称した。ナンバーツーの軍政部次長には王静修が当初より就いていた。この要職就任の背景には王が陸士留学帰りのため、日本側が信頼を寄せていたことがある。階級は陸軍中将であった。前出の張海鵬は一九三五年一月に第五軍管区司令官を更迭された。その後任が王静修である。「来ル」とはこの意味であろう。

ちなみに、一九三四年三月の帝制実施にあたり、日本の皇室は祝意を示すため天皇名代として天皇の長弟である秩父宮雍仁《やすひと》を同年六月に満州に派遣している。秩父宮を迎えての観兵式で諸兵指揮官の重責を担ったのが王静修である。

旭川帰還の内示

一月一四日（月）
鈴木法ム官来ル飛行場ニ迎フ紀恩堂ニテ昼食セシメ五時半ヨリ同所ニテタ食ス其間城内ヲ案内シ所々写真ヲ撮ル
一月一五日（火）
鈴木法ム官ヲシテラマ寺ニ案内ス午后ハ□□□見物□ニ案内ス
一月一六日（水）
鈴木法務官出発自動車ニテ宿ヨリ飛行場ニ送ル

「鈴木法務官」とは上記の鈴木重義陸軍法務官のことにほかならない。同じく上記のとおり、鈴木は第五師団軍法会議附兼関東軍軍法会議附陸軍法務官を務めていたところ、一月一二日付で兼務を解かれ第五師団軍法会議法務官に補された。鈴木は広島に帰る前に二泊三日の承徳観光を楽しんだということか。

一月一八日（金）
午後五時半散髪ス午食後参謀長室ニ於テ参謀長ヨリ帰還ノ大凡ノ日程ヲ話サル

第七師団に旭川への帰還命令が発せられるのは、二月九日（土）である。先んじてその内示があったようだ。常助は帰国を心待ちにしていたはずである。

陸軍における死刑執行

一月二三日（水）
午后軍法処長三名来部死刑ノ判決文ニ捺印□□ナルモノナリ
三百円為替書留西川ニ送ル

「軍法処長」とは「満州国」軍において、日本陸軍の軍法会議の裁判長に相当するポストとみられることはすでに記した。おそらく「満州国」軍第五軍管区の軍法会議で死刑判決が言い渡されたのだ。そこになぜ常助の捺印が必要であったのか。「第五軍管区司令部嘱託」であったために求められたのか。このあたりの手続は不明である。参考までに、日本の陸軍刑法第二一条は、死刑執行の方法を銃殺と定めていた。「満州国」軍でも同様であったと考えられる。「之レ軍隊死刑ノ特色デアッテ移動性ヲ有スル軍隊ニ於テ地方獄ニ於ケルガ如ク死刑ヲ執行スベキ特殊設備ヲ為シ及大祭祝日ヲ避ケテ執行スルコトハ軍ノ実情ニ合セズトノ見地」（阪口 1940：79）からである。「地方」とは軍隊用語で、軍隊の外の一般社会を指した。軍隊がいかに閉鎖社会であったかを表している。

そして、死刑執行には陸軍大臣の命令を必要とした（陸会第五〇二条）。命令後五日以内に執行された（陸会第五〇四条）。「銃殺を為すには長官の定めた場所に死刑の言渡を受けた者を引致し検察官及び録事立会の下に監獄の長は銃手をして之を射殺せしむる。銃手は兵員たるを原則とする。故に長官は監獄の長の申請に依り兵員の出場を命ずる」（日高　１９３８：１０７）。

常助は一九三四年一月二七日に陸軍監獄長の兼務を解かれている。言い換えればそれまでは「監獄の長」の任にあった。旭川の第七師団にあって「銃手」を人選する嫌な仕事をしたのかもしれない。また、「満州国」にあっては検察官を命じられていた。死刑執行の現場に立ち会ったのであろうか。

同じ一月二三日条には「三百円為替書留西川ニ送ル」との記載もある。当時に大卒初任給は九〇円程度といわれる。現在のそれを約二〇万円とすれば、七〇万円ちかい額を送金したことになる。「西川」とは前出の実兄の西川藤右衛門のことだと推察される。

一月二四日（木）

助川中佐台湾軍副官ニ補セラレ挨拶ニ来ル

上掲の副官部副官の助川静二歩兵中佐が台湾軍司令部副官部副官に異動し、同時に大佐に進級する。二月一日（金）に「助川、永見、岩仲、氏等ヲ飛行場ニ見送ル（Ⅱ・ｊ２２７００）」とあるので、助川が承徳を発ったのは二月一日であったことになる。永見は第二十五聯隊の聯隊長の永見俊徳歩兵大佐を、岩仲は参謀の岩仲義治歩兵少佐を指している。

侍従武官による「聖旨」伝達

一月三〇日（水）

侍従《ママ》武官ヲ飛行場ニ迎ヘ午後三時四十分ヨリ病院前広場ニテ聖旨伝達、隊伍ニ列セザル軍装、奉天柳本録事来部、小包到着梱抱ハカイ

一月三一日（木）

中島侍侍従《ママママ》武官ヲ門前ニ迎ヘ（□）十時三十分外ニ六、十一時□□ニ随行ス紀恩堂会食一時半門前ニ見送ル

この両日に書かれている「中島侍従武官」とは、侍従武官の中島鉄蔵歩兵大佐を指しているものと思われる。一九三五年一月八日付『読売新聞』は、北満警備の将兵を慰問するため中島侍従武官を満州に派遣することになったと報じている。これは天皇が現地将兵の「労苦を思召され」たためとされた。具体的には、一月二三日に東京を発ち渡満し一か月余りにわたって各地で「聖旨」と下賜品を伝達する。下賜品は清酒と「御紋章入り煙草」であった。

同年一月二七日付『東京朝日新聞』は、中島が一月二六日に「皇軍将兵を犒《ねぎら》はせられる大御心を奉体

して」新京に到着した旨を伝えた。中島はただちに関東軍司令部を訪ね、南次郎関東軍司令官はじめ将兵に「聖旨」と下賜品を伝えた。その中島が一月三〇日に承徳に来たのである。天皇「御差遣」の「慰問使」である。最大限の敬意をもって迎えられたことがわかる。

侍従武官については、侍従武官府官制（明治四一年勅令第三一九号）に規定されている。侍従武官府に侍従武官長と侍従武官が置かれた。侍従武官の定員は「陸軍中少将、左官及大尉　五人」および「海軍中少将、左官及大尉　三人」となっていた（第三条）。その職務は「軍事ニ関スル奏上奉答」（第四条）など、要するに天皇と陸軍・海軍との連絡役であった。加えて、「演習其ノ他軍事上視察ノ為差遣セラルルコトアルヘシ」（第五条）と定められている。戦地「慰問」の法的根拠はここにあったと考えられる。

中島は翌一九三六年三月には、「皇軍御慰労の有難き思召し」を体して北支各部隊を約三週間にわたって回り下賜品を伝達した。中島に限らず、侍従武官の慰問は満州事変以降、満州・北支を中心に幾度も行われている。天皇の意思による慰問とされたのであるから、現地の戦意昂揚と侵略行為の正当化に大いに寄与したに相違ない。中島は一九三八年三月に陸軍中将となり、同年一二月には参謀次長に栄進した。

常助手帳最後の記載

二月四日（月）
水野中尉事務室ニ来ルパンヲ貰フ第５ナリ
二月五日（火）

水野中尉夜来ル午前十時帰ル

「水野中尉」とは歩兵第二十八聯隊の水野鋭士歩兵中尉のことである。五日の「夜来ル午前十時帰ル」は常助の誤記で正しくは午後一〇時であろう。

二月六日（水）

軍イ部長ヲ見舞ヒ師団長ニ至ル

前出の佐藤武軍医部長が病気となり、見舞いのあと病状を杉原師団長に報告したのであろう。二月九日に帰還命令が出される直前である。

常助の手帳は、二月七日（木）の「室井呉武死去ノ通知来ル」が最後の記載になっている。「室井呉武」がだれであるかはわからない。ただ、「死去」で終わっていることは、常助のまもなくの死を予示しているかのようである。実はこの頃、常助は風土病にかかり糖尿病を併発していた。二月一三日（水）に承徳衛戍病院に入院する。病状は悪化して、ついに二月二五日（月）同病院にて急逝する。満年齢でまだ五三歳であった。詠んだ日は不明であるが、常助はウタに次の短歌を書き送っていた。「我死なは　後に残らむなきからも　こやしとなして　国に尽せよ」

満州在勤時代に面会した要人たち

常助が満州在勤時代に実に多くの各界の人物と面識をもったことは、これまでの彼の日記の記述から明らかである。彼らの中でとりわけ要人とみなされる面会相手を表にしたのが〔8-1〕である。これをみると、そのカウンターパートとなった常助の満州での地位も相当に高かったことがうかがわれる。

〔8-1〕常助が満州在勤時代に面会した要人一覧

	面会日	氏名	当時の肩書き	その後の栄進など
1	1934/2/20ほか	谷 実夫	陸軍少将	
2	1934/3/12	西 義一	陸軍中将	陸軍大将/教育総監
3	1934/3/16ほか	伊田常三郎	陸軍少将	
4	1934/4/4ほか	張 海鵬	「満州国」軍陸軍上将/「満州国」熱河省長	漢奸反国罪で処刑
5	1934/4/6	李 守信	察東特別自治区行政長官	蒙古聯盟自治政府副主席
6	1934/4/19	梶井 貞吉	関東軍軍医部長	軍医総監
7	1934/5/7	杉山 元	陸軍中将	陸軍大将、元帥/教育総監/陸軍大臣/参謀総長
8	1934/5/14	小原 直	東京控訴院長	司法大臣/法務大臣
9	1934/5/23	林 博太郎	満鉄総裁/貴族院議員	高千穂商科大学理事長

10	1934／5／23	岡 今朝雄	会計検査院第二部長	会計検査院長
11	1934／7／9	土肥原賢二	陸軍少将	陸軍大将／教育総監
12	1934／7／16	多田 駿	陸軍少将	参謀次長／陸軍大将
13	1934／7／25	高森 時雄	満州医大教授	岐阜県立医科大学学長
14	1934／9／9	鄭 孝胥	「満洲帝国」国務総理大臣	「満州国」初の国葬
15	1934／9／12	山内 静夫	MTT総裁	
16	1935／1／5	王 静修	「満州国」軍政部次長／「満州国」軍陸軍中将	

筆者作成。

訃報伝わる

二月二八日付『旭川新聞』および『北海タイムス』両紙夕刊は、常助の訃報を掲載した。常助は「公務過労が原因し」（『旭川新聞』）／「公務に原因して」（『北海タイムス』）脳脊髄膜炎を患い承徳衛戍病院にて二月二五日午前二時五分（『旭川新聞』）／二五分（『北海タイムス』）に死去した、と。正確な死亡時刻は満州時間午前三時五分であったことはのちに述べる。当時日本と満州には一時間の時差があった。東にある日本の方が当然一時間進んでいる。満州時間午前三時は日本時間午前四時になるのだが。一九三七年一月一日から日本の中央標準時に統一され、日満の時差はなくなった。時間の面でも「日満一体」が図られた。そして同年七月に盧溝橋事件が起こるのである。

死因として報じられた脳脊髄膜炎は流行性脳脊髄膜炎である。後述のとおり、林銑十郎陸軍大臣は岡田啓介首相にそう報告している。当時の研究（豊田 1938：94）に基づくと、この伝染病の人口一万人あたりの死亡率は一九二五―一九三〇年平均で「在満日本内地人」に限れば〇・九％、つまり九〇人であった。東京市で〇・一％に下がり、「日本内地」になると〇・〇二％と大幅に低くなる。従って、一九三五年であっても現地ではかなり高い死亡率ではなかったかと推察される。

〔8-2〕堀木法務部長・佐藤軍医部長の合同慰霊祭
左上隅の「道」の右に「堀木法務部長千古」、中央上やや右の「徳」の右に「佐藤軍医部長千古」の文字がみえる。

とはいえ、不可思議なのは常助の死去と同日に、佐藤武軍医部長も事故死していることである。二八日付『北海タイムス』夕刊によれば、「二十五日午後一時五十分頃杉原本部長が軍装検査の際〔略〕佐藤武氏は突然落馬して脳震盪を起し承徳衛戍病院に収容し応急手当をしたが及ばず遂に同日午後六時三十分逝去した」。常助の死を軍医部長として佐藤が看取ったのかもしれない。その直後に佐藤が死んだ。日記を読む限り、常助は佐藤宅にラジオをききに行ったり行動をともにしたりと、親しかったようである。口封じなど陰謀めいたことは考えたくないが、気になる偶然ではある。

両者の合同慰霊祭が死去翌日の二六日一六時から執り行わ

れた（〔8-2〕・下記電報⑨）。

「陞叙高等官二等」「一級追陞」

常助は高等官三等で位階勲等は従五位勲四等であった。死去した二月二五日付をもって、正五位・高等官二等に陞叙された。その官記が〔8-3〕である。御璽と岡田首相の記名が確認できる。死してようやく念願の勅任官に上がった。

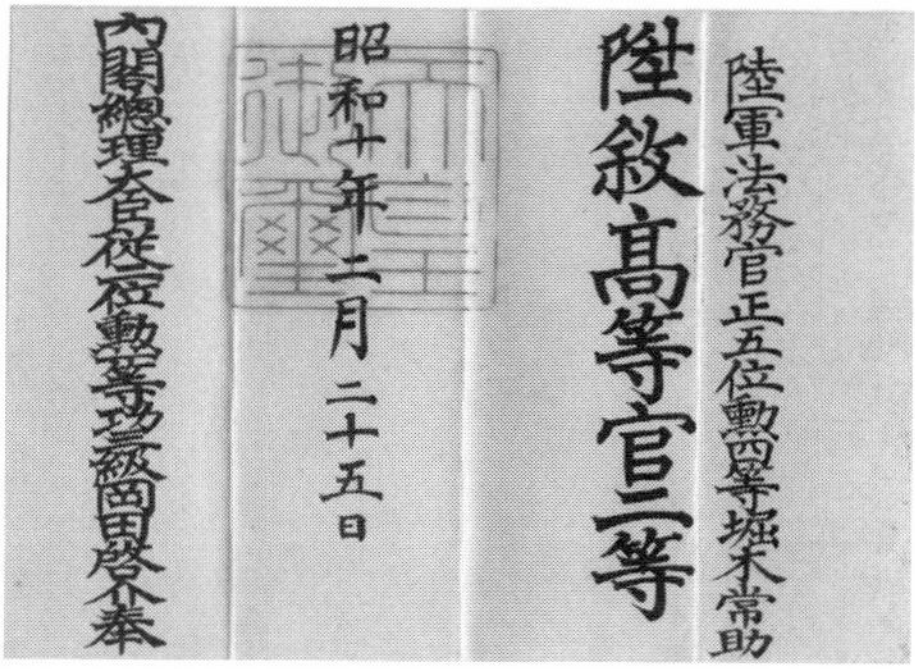
陸軍法務官正五位勲四等堀木常助
陞敍高等官二等
昭和十年二月二十五日
内閣總理大臣従二位勲一等功三級岡田啓介奉

〔8-3〕常助の「陞叙高等官二等」の官記

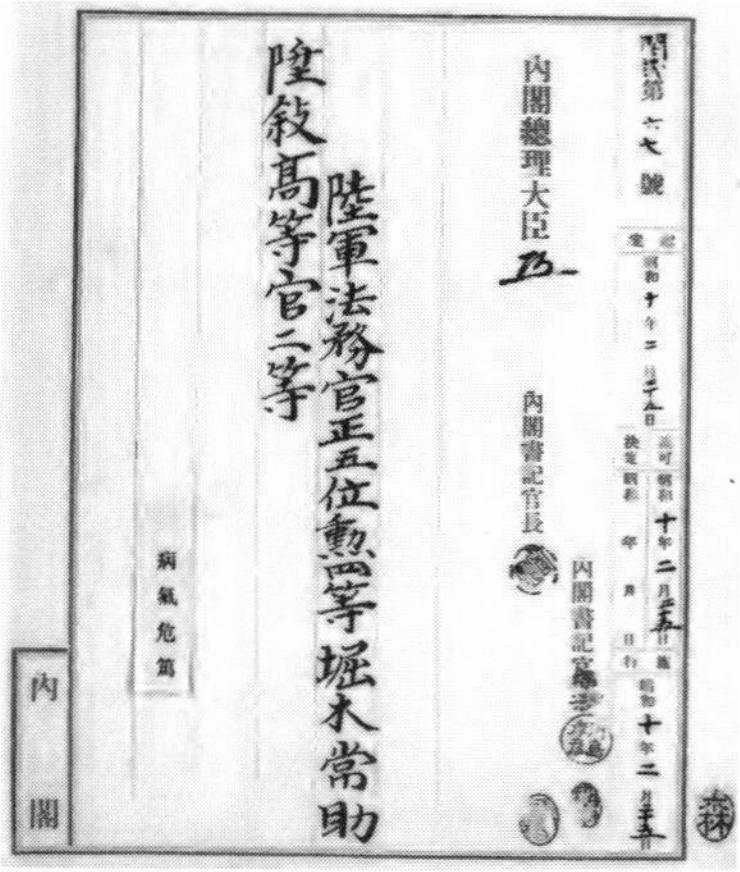
陸軍法務官正五位勲四等堀木常助
陞敍高等官二等
内閣總理大臣
内閣書記官長
病氣危篤

〔8-4〕常助の「陞叙高等官二等」の決裁書
出典：国立公文書館デジタルアーカイヴ

当時の常助の病気危篤は陸軍上層部にも伝わっていた。二月二五日に林陸相は岡田首相に常助の「陞叙高等官二等」を請義している。

その文書の末尾に「本人ハ〔略〕流行性脳脊髄膜炎兼糖尿病ニ罹リ本日危篤ニ陥リタル〔略〕本件特ニ二月二十五日付発令相成度候」と急を要する旨が追記さ

れている。岡田はただちに自分一人で決済し、天皇に裁可を仰いだ。決済書〔8-4〕には「陸叙高等官二等」のあと「病気危篤」と付記されている。

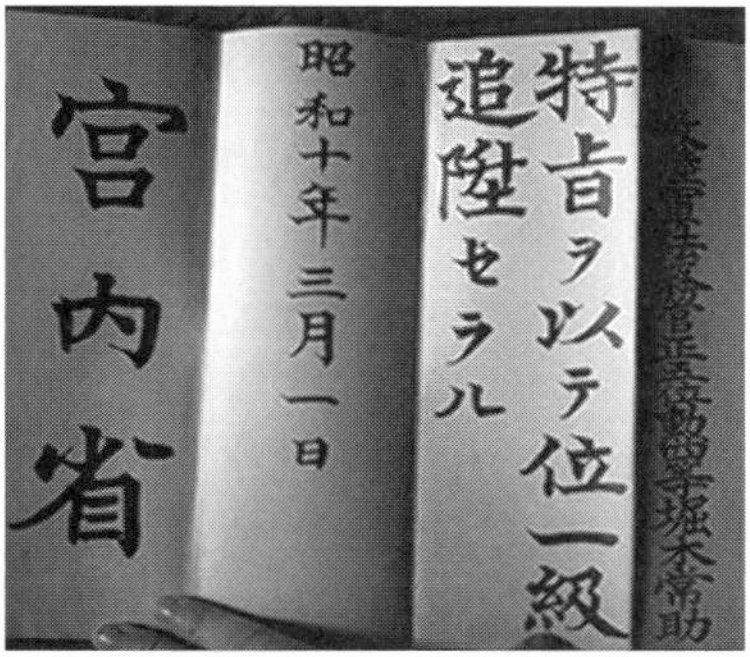

〔8-5〕常助の「特旨ヲ以テ一級追陞セラル」の辞令

伊勢・両谷寺に建立された常助の墓碑には「陸軍法務官従四位勲三等堀木常助之墓」と刻まれている（〔8-6〕／〔8-7〕）。

〔8-6〕伊勢・両谷寺に建立された常助の墓（建立当時）

「病気危篤」は戦前の「お役所言葉」で死亡を意味していたようである。当時の新聞をみると、「〇〇氏病気危篤の趣き天聴に達し〔略〕特旨を以て」がほぼ定型表現になっている。三月二〇日付で林陸相は岡田首相に常助に対する「病気危篤者賞与」の申請を行っている。「二月二十五日病気危篤ニ陥リタルニ付頭書ノ通同日付ヲ以テ賞与方認可相也候也」。算定された賞与額は四六一二円であった。積算根拠も残されている。当時の常助の俸給月額が三五八円三三銭で、月俸対賞比率が一二・九弱とのことで、三五八円三三銭に一二・九をかけると約四六一二円になる。

さて、堀木家には常助の位記がすべて保存されている。それによれば、常助は一九〇九年三月二〇日

〔8-7〕伊勢・両谷寺に建立された常助の墓（現在）
（右）2016年8月18日・堀木菜穂氏撮影。
（左）2020年1月31日・筆者撮影。

に正八位に叙せられた。その後位階を順当に上がって（詳細は巻末の年譜参照）一九三〇年二月一日には従五位に叙せられた。死後に生前最後の日付で正五位に、その上同日付で従四位に叙せられている。生前という前提なので「故」は付けられていない。この二枚の位記の違いは前者には宮内省の印が捺されているのに対して、後者は御璽が捺されている点である。正二位から従四位までは勅授とされ御璽が捺されるが、正五位以下は奏授とよばれ宮内省印になる。同日に二位階引き上げて常助に勅授の栄誉を与えたのである。これとは別に、三月一日付で宮内省から「故陸軍法務官正五位勲四等　堀木常助　特旨ヲ以テ一級追陞セラル」との辞令が下りている（実物は〔8-5〕）。

伊勢・両谷寺に建立された常助の墓には「陸軍法務官従四位勲三等堀木常助之墓」と刻まれている（〔8-6〕／〔8-7〕／勲三等に叙せられた根拠は後掲〔8-12〕）。

重体そして死去を伝える電報

常助の入院から死去に至るまで、その経過はどのようにウタに伝えられたのであろうか。そのための電報の宛先は「松阪市西町西川藤右衛門方堀木ウタ」あるいは「松阪市西町西川テルコ〔漢字不明〕方堀木ウタ」当てになっている。このときウタは常助のすぐ上の兄である西川藤右衛門方に身を寄せていたことがわかる。以下、カタカナの電文を漢字とひらがなに直して掲げる。

▼①発信局：承徳　受付：午後一時五五分　受信：午後六時二五分　日付印：松阪10．２．18

一八日常助　糖尿病　にて病重し　衛戍病院長

▼②発信局：承徳　受付：午前一時一八分　受信：未記載　日付印：松阪10．２．24

堀木部長につき一三日以来入院加療なりしが　その後　経過良からず　目下重体にして最悪の場合予想しあり　濱本

「濱本」とは第七師団司令部ナンバーツーの濱本喜三郎参謀長・歩兵大佐である。一五日に入院した常助は一八日に重態に陥る。同日中にそれはウタに伝わる（電報①）。ウタがその前に常助の入院自体を知っていたかはわからない。

▼③発信局：承徳　受付：午前一一時〇分　受信：午後三時四六分　日付印：松阪10．2．25
〔略〕堀木部長流行性脳脊髄炎兼糖尿病にて二月二五日午前三時五分当地衛戍病院にて逝去せらる（公務に起因す）申し置かれたし　杉原本部隊

▼④発信局：承徳　受付：午前一一時三〇分　受信：午後五時二四分　日付印：松阪10．2．25
午前三時　危篤に陥る院長

▼⑤発信局：承徳　受付：午前一一時三〇分　受信：午後五時二四分　日付印：松阪10．2．25
二五日午前三時五分死す院長〔8-8〕

▼⑥発信局：旭川師団　受付：午後一〇時二七分　受信：午後一〇時四三分　日付印：松阪10．2．25
派遣より部長二五日午前三時五分死亡申をひしあり
の電あり　河村

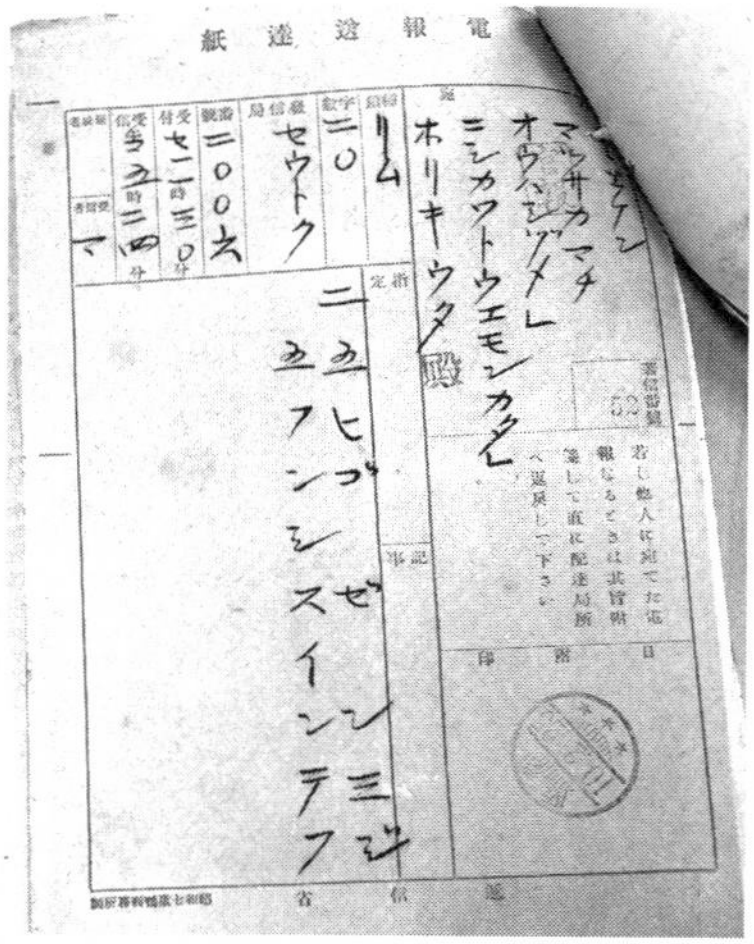

〔8-8〕常助の死亡を伝える承徳衛戍病院長からの電報

まずウタは二五日の夕方に杉原本部隊からの常助の死亡と死因を伝える電報③を受け取った。続いて病院長からの危篤と死亡を伝える二通の電報④と⑤が同時に届いたことになる。④と⑤の受付時刻と受信時刻は同じである。また、常助死亡の報は旭川の留守隊にもすぐに打電されたようだ。「河村」とは留守隊にいた河村太市歩兵大佐である。河村はその知らせをウタに転送した。夜遅くなってその電報⑥がウタの元に着いた。

すでにウタは常助重態をきいて承徳に向かおうとしたようである。それを思いとどまらせる現地からの電報⑦も残されている。その発信人の「山西」がだれかは不明である。ただ、常助の実母みとの旧姓は山西である。その縁者かもしれない。常助の一九三四年の日記によれば、二月二〇日と五月五日に「山西」に手紙を出している。同一人物ではないか。

▼⑦発信局：承徳　受付：午前八時三六分　受信：午後〇時二七分　日付印：松阪10．2．21

病状安心はできざるも看護　行き届く交通すれ《ママ》ぶる不便なるにより渡満は見合わせらるるほうよろしと《ママ》らんと思う承徳にて山西

常助の遺骨を白装束で迎えたウタ

電報③の裏面に手書きで「アスユク　スグタツ　ウタ」と書き留められている。悲報を受けてウタはただちに伊勢を発って旭川に向かうことにしたのである。従って、次の二通の電報をウタが読んだかはわからない。

▼⑧発信局：承徳　受付：午前八時三〇分　受信：午後〇時四〇分　日付印：松阪10．2．26

遺骨は旭川に還送し慰霊祭後　お渡しする予定なるもご希望なれば　途中貴地においてお渡しするも差し支いなし当方二八日出発せしめたし　いずれにせよすぐ返〔事〕あれ　濱本

▼⑨
発信局：承徳　受付：午後一時四〇分　受信：未記載　日付印：松阪10．2．26
堀木部長の慰霊祭は二六日午後四時より当寺院において挙行す　遺骨はなるべくすみ（続く電文不明）

〔8-9〕常助の遺骨を迎えるウタ（1）
出典：1935年3月9日付『北海タイムス』夕刊。

〔8-10〕常助の遺骨を迎えるウタ（2）

常助と佐藤の遺骨は一九三五年三月四日朝に関釜連絡船で下関に着いた。付き添ったのは浦田一等看護長と前出の北山兵吾第七師団法務部録事らであった（三月五日付『朝日新聞』）。『汽車時間表』一九三四年一二月をみると、関釜連絡船は前日三日の二三時三〇分に釜山桟橋を出航し四日七時三〇分に下関に到着している。この連絡船には、前々日の二日二三時ちょうど奉天発の急行列車「のぞみ」が三日二二時五〇分釜山桟橋着で接続している。常助らの遺骨はおそらくこの列車で運ばれたのであろう。

三月九日付『北海タイムス』夕刊が、常助の遺骨の旭川到着とそれを白装束で迎えるウタの写真を掲載している（〔8-9〕）。ずっとカメラを引いた写真も残されている（〔8-10〕）。これから推察するに、撮影場所は第七師団司令部前だと思われる。

旭川と伊勢での慰霊祭

一九三五年三月七日一四時から一六時まで旭川偕行社にて常助の慰霊祭が挙行された（〔8-11〕）。翌日付の『旭川新聞』が報じている。参列者の多さに驚かされる。右端近くの白装束の女性がウタであろう。中央に常助の遺影があり、その右側のの

〔8-11〕旭川での常助の慰霊祭
写真は『旭川新聞』の記事からではなく、堀木菜穂氏提供のもの。

ぼりには「故陸軍法務官従四位勲四等堀木〔常助〕」と書かれている。前掲〔8-7〕の墓の刻字は勲三等になっている。上記の写真（〔8-12〕）にある勲三等の勲記が後日、死亡日にさかのぼって授けられたのである。加えて、同日付で賞勲局総裁・下條康麿名で「昭和六年乃至九年事変ニ於ケル功ニ依リ勲三等瑞宝章及金百七拾円ヲ授ケ賜フ」と通知されている（〔8-13〕）。天皇・皇后からは祭粢料《さいし》五〇円が贈られた（日付不詳）。

慰霊祭に寄せられた各界から弔詞などは〔8-14〕にまとめた。

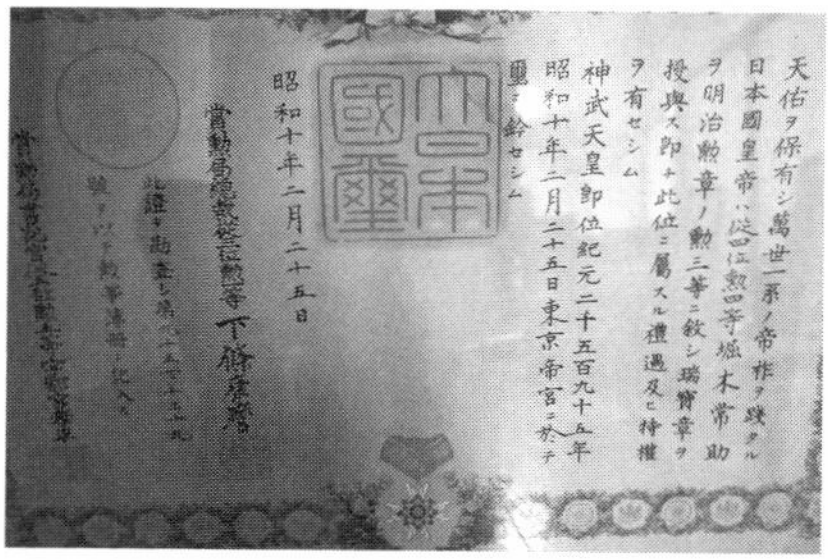

〔8-12〕常助を「勲三等ニ敘シ瑞宝章ヲ授与ス」

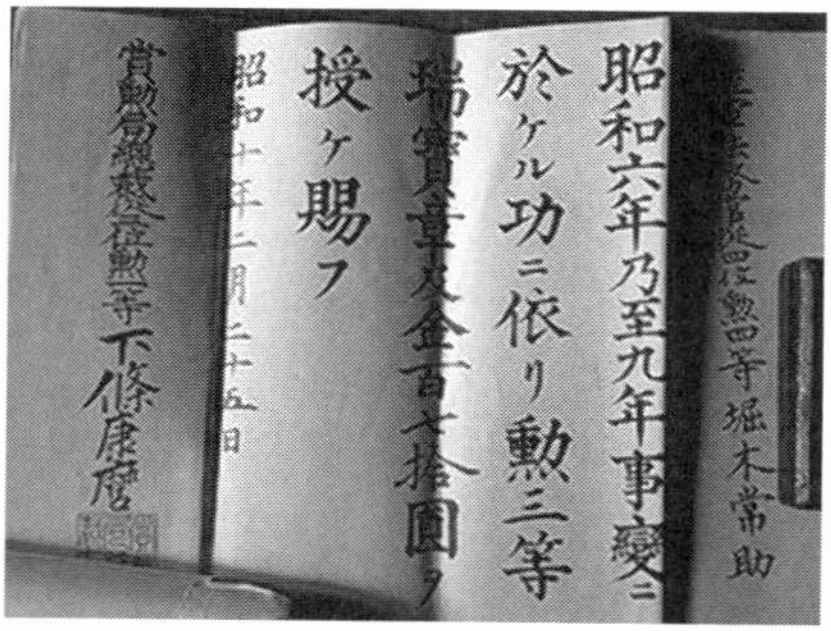

〔8-13〕常助に「勲三等瑞宝章及金百七拾円ヲ授ケ賜フ」

〔8-14〕旭川での慰霊祭に寄せられた弔詞など

	種別	氏名	肩書き	備考
1	弔詞	佐上 信一	北海道庁長官	
2	弔辞	渡邊 勘一	旭川市長	

3	弔詞	杉原美代太郎	第七師団長	日付は2月27日
4	弔詞	大塚堅之助	第七師団留守指令官	
5	弔詞	大久保省二	第七師団軍法会議法務官	
6	弔詞	山崎 有信	旭川弁護士会を代表し	
7	吊詞	甘粕 速水	旭川学士会代表	
8	表白文	石田 慶封	北都仏教団団長	

筆者作成。

彼らのうち「6」の山崎有信は一九二八年一一月に旭川地方裁判所で北海道初の陪審裁判が開かれた際の主任弁護人を務めた。その記録を『陪審裁判殺人未遂か傷害か』（法律新報社、一九二九年）という著書に詳細に残している。

第七師団の主力が満州から帰還するのは三月一九日である。そして三月二一日に、杉原第七師団長を祭主とした第七師団慰霊祭が旭川市集会所で執り行われた。中央の祭壇には常助や常助と同日に死去した佐藤軍医部長をはじめ三十八柱の霊が祀られた。この様子を三月二三日付『北海タイムス』は、「各遺族並に全道、樺太の各地よりの総ゆる代表が参加し流石の広き講堂も立錐の余地なき大盛葬を極めた」と伝えている。

常助の出身地の伊勢・新茶屋でも三月二五日に村葬式が行われた。寄せられた弔詞などは次のとおりである（8-15）。加えて、伊勢の両谷寺に前掲の二メートル以上はある立派な墓が建立された（8-6）

〔8−7〕)。それがいつどのような経緯で建立されたかについては、住職も変わり不明とのことである。

〔8−15〕伊勢での慰霊祭に寄せられた弔詞など

	種別	氏名	肩書き	備考
1	弔詞	富田愛次郎	三重県知事	
2	弔詞	富田愛次郎	日本海員掖済会三重支部長	
3	(無題)	早川 俊一	三重県会議長	
4	弔詞	北村 齋蔵	多気郡明星村長	
5	弔辞	東谷 松助	明星村村会議員代表者	
6	吊詞	西村 利市	多気郡町村長会幹事	
7	吊詞	南雲親一郎	津連隊区司令官陸軍歩兵大佐	
8	弔詞	浦田多久美	宇治山田憲兵分遣隊長	
9	弔詞	村岡 恒藏	帝国在郷軍人会多気郡連合分会長	
10	弔辞	西村豊三郎	帝国在郷軍人会明星村分会長	
11	弔詞	本野 久子	愛国婦人会長	
12	吊詞	西垣 弘介	明星尋常高等小学校長など	
13	吊詞	本多 定禅	金戒光明寺執事代	日付なし

筆者作成。

特別賜金四〇五〇円を授けられる

とりわけ「12」西垣弘介の弔詞は「小学校舎増改築ノ議ヲキクヤ率先シテ多額ノ金員ヲ寄贈セラレ」と明らかにしている。具体的には、三重県多気郡にある明星尋常高等小学校（現・明和町立明星小学校）の増築に一〇〇〇円を寄付して、当時の三重県知事から褒状が贈られている。同校は常助の母校と思われる。褒状は一九三三年六月八日付となっているので、常助自身は旭川にいた。

一九三六年七月一八日付でウタは陸軍省から四〇五〇円を授けられている。同年七月二二日付『官報』六三六頁に「故陸軍法務官堀木常助妻　堀木ウタ」「特ニ金四千五十円ヲ賜フ」との記載もある。これは前年三月一五日付で制定された、昭和一〇年陸軍省告示第一五号「満州ニ於ケル死歿者臨時特別賜金賜与規程」に基づく特別賜金である。

同規程第一条は「昭和十年一月一日以後陸軍軍人軍属嘱託者及職工ニシテ満州事変ニ関シ満洲国ニ於テ匪賊ノ討伐、捜索及警戒等直接警備ニ関スル勤務ニ従事シ為ニ死歿シ」次の二つの条件のいずれかの該当する遺族に「臨時特別賜金」を「賜与」すると定める。二つの条件とは

一　戦死シ又ハ戦傷ヲ受ケ之ガ為該負傷ノ日ヨリ三年以内ニ死歿シタルトキ

二　戦傷以外ノ傷痍ヲ受ケ之ガ為該負傷ノ日ヨリ三年以内ニ死歿シ又ハ疾病ニ罹リ之ガ為該罹病ノ日ヨリ二年以内ニ死歿シタルトキ

常助の場合、第二号の「又ハ」以下に該当する。ただ、条文本文にある「直接警備ニ関スル勤務ニ従事シ」たといえるのかどうか。広義にとらえて、当てはまると解釈されたということか。〔8―13〕「3」の杉原第七師団長による「弔詞」には「警備勤務指導ノ重任ヲ担ヒ」とある。

一九四〇年五月にウタは常助を弔うために四国霊場めぐりに出かけている。

ウタによる四万円寄付

常助の「趣味」は陰徳を積むことだったと先にも書いた。それはウタに遺言された。

一九四一年五月二〇日付各紙は、松坂《当時》出身の国学者・本居宣長の偉業を顕彰しその遺蹟品を保存する鈴屋遺蹟保存会に、ウタから四万円もの巨額の寄付の「申出があつた」(『伊勢新聞』)と報じた。保存会は松阪町(一九三三年より市制施行)に一九〇六年八月に設立された。宣長の歌文集に『鈴屋《スズノヤ》集』がある。

同日付『伊勢新聞』によれば、「法務官として支給された官吏俸給が約五万円になるのでこれを国家に捧げ、奉公の誠を致せとの遺言が認めてあつたのでその遺志に基いたもの」だという。残りの一万円は国防献金に回された。また『名古屋新聞』(三重県版)は、ウタは松阪市魚町の宣長旧宅跡付近に住んでいたことがあり、これが機縁となって同会を寄付先に決めたと伝えた。『朝日新聞』(名古屋)は、養嗣子の義次が陸軍士官学校を卒業し歩兵少尉に任官したのを機にウタが義次に相談し同意を得たこと、加えて常助が生前に懇意にしていた遠縁の浅野昇弁護士とも相談したことを紹介している。

義次は陸士五四期なので一九四〇年九月に卒業している。浅野昇は高見順が遺した戦中日記の一部を収録した『敗戦日記』にも登場する。高見は一九四五年二月一五日に浅野の自宅での鳥鍋会に出向いて司法関係者らと鍋を囲み「酒が沢山出た。酩酊した」と記している。『新愛知』（三重版Ａ）も常助、ウタ、義次の顔写真付きで大きく伝えた。

これを資金として鈴屋遺蹟保存会を財団法人に改組する計画が立てられた。ただ、当時の和田潤松阪市長が一九四一年五月三一日に退任して、同年一〇月二九日に後任の後藤脩市長が就任するまで市長が不在（当時は官選市長）であった。このことも影響したのか、計画の進捗ははかばかしくなかった。しかし、一九四二年二月一一日付『伊勢新聞』が伝えるところでは、「後藤市長着任直後急速に実現運動に努力し、内務当局の承認を得た」。そこで同月九日に後藤市長が宇治山田市（現・伊勢市）のウタのもとを訪ね、さらにウタとともに常助の墓参をして感謝を捧げた。ウタは快諾して後藤市長は「現金で四万円寄付金を受領し帰松した」。その領収書が残されている（〔8-16〕・市長と鈴屋遺蹟保存会長は兼務である）。

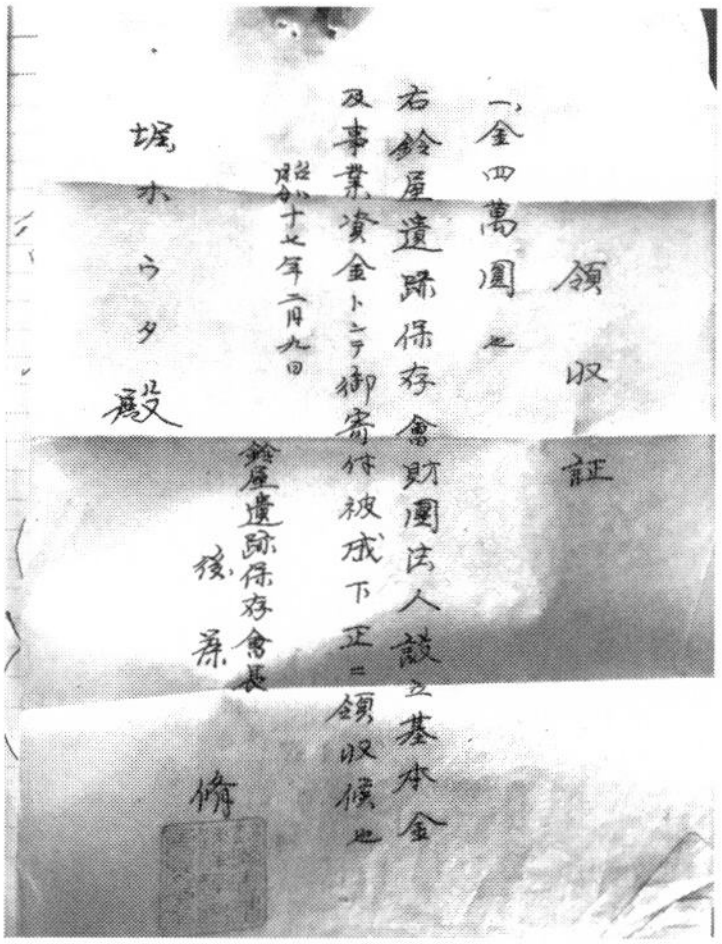
領収証
一、金四萬圓也
右鈴屋遺跡保存會財團法人設立基本金及事業資金トシテ御寄付被成下正ニ領收候也
昭和十七年二月九日
鈴屋遺跡保存會長
後藤脩
堀木ウタ殿

〔8-16〕後藤市長からウタ当ての4万円の領収書
2020年1月31日・山田節子氏宅にて筆者撮影。

ちなみに、一九四二年の映画封切館の普通入場料は八〇銭だった。いまは一九〇〇円なので二三七五倍になっている。これを単純にあてはめると、この頃の四万円は現在の九四五八万円

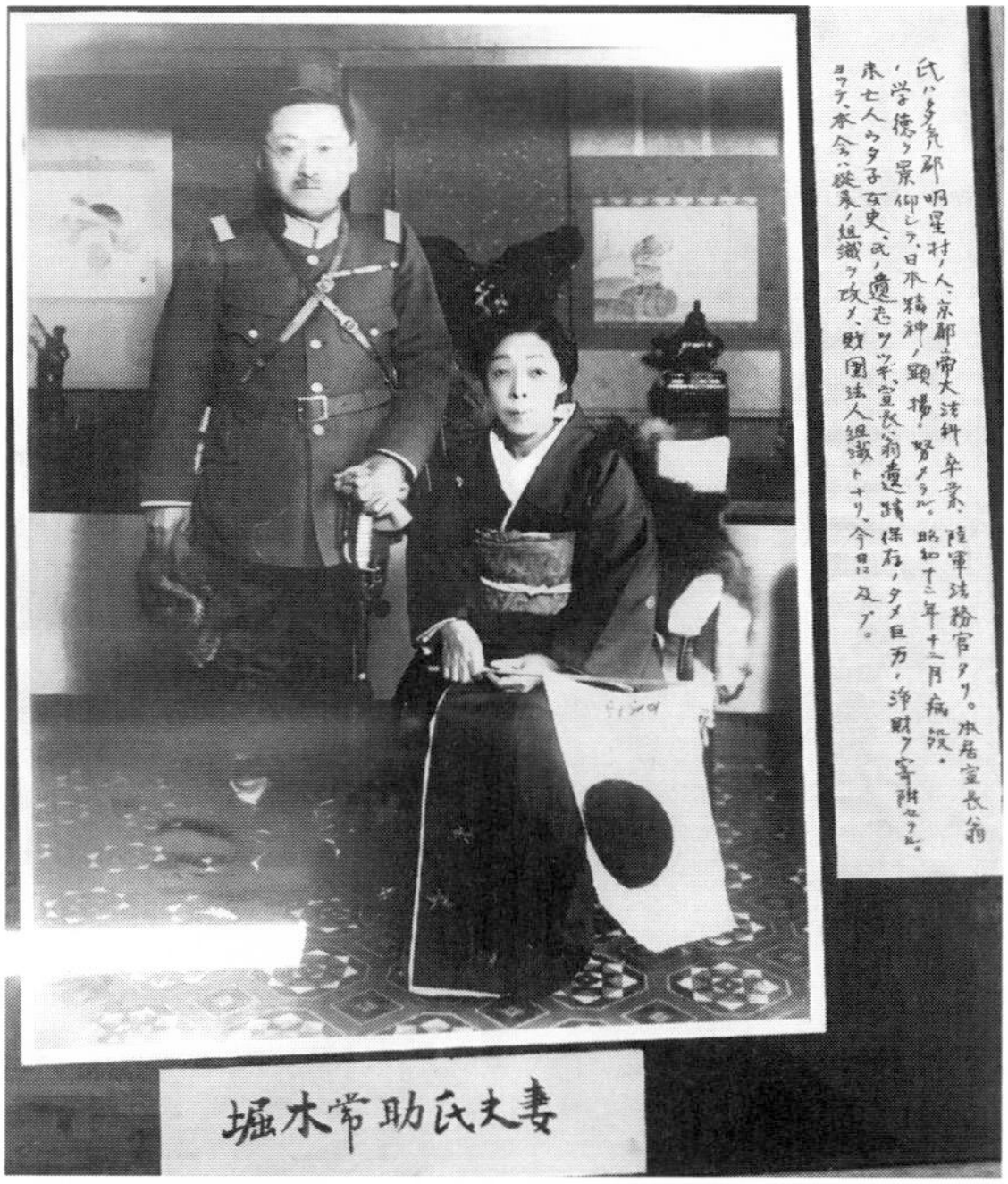

〔8-17〕本居宣長記念館に展示されている常助・ウタの写真
2020年1月31日・筆者撮影。

に相当する。上述の「臨時特別賜金」四〇五〇円をこの比率で換算すれば、九五五万円ほどになる。

鈴屋遺跡保存会はこれを受けて同年二月一七日に財団法人組織化を決議する。同年三月一〇日に、財団法人鈴屋遺跡保存会の設立が認可された。会長には後藤脩市長がそのまま就いた。後藤はこの資金の使途について四項目をウタに約束している。「四」として「故堀常助氏ノ篤志ヲ永久ニ感謝顕彰スルタメ同氏ノ胸像又ハ写真ノ類ヲ彰文ト共ニ当会適当ノ箇所ニ掲出スルコト」とある。公益財団法人鈴屋遺跡保存会が運営する本居宣長記念館には、これに基づいて、常助・ウタの写真が「彰文」付きで展示されている（〔8-17〕）。ウタはそれまでにも各方面の社会事業に匿名で多額の寄付を行っていたとの証言も伝わっている。四万円の寄付についても当初は匿名を望んでいたようである。一九四一年三月七日付『名古屋新聞』(三重県版)は保存会に対して「今回某篤志家の寄附申出」と、三月八日付『伊勢新聞』は「今回某篤志家が巨万の私財を投じ」と報じている。前述のとおり、二か月後に顕名で大きく各紙で取り上げられるようになった。

さらに、ウタは一九四一年一一月五日付で司法大臣の岩村通世から感謝状と木杯一組を贈られている。理由は「司法保護事業ニ対シ多額ノ御寄附」をしたためで、岩村は財団法人司法保護協会の会長であった。

戦後になってもウタは一九五〇年四月八日付で、庄司圭一松阪市長名による感謝状を受けている。「鈴屋遺蹟保存事業の意義をよく理解せられ夫君の遺された巨額の財を一挙に保存会に寄附せられ同会の基礎を強固にせられる等其の篤志」に対してである。ウタはその翌月の五月二六日に満七四歳で没する。七五歳の誕生日の四日前のことであった。

終章　法務官制度の変質

「少将」と報じられた常助

上記のウタの高額寄付を報じた一九四二年二月一一日付『伊勢新聞』で、ウタは「故陸軍法務官堀木常助少将の未亡人」と紹介されている。法務官は文官であるから「少将」のはずはない。この記載はどう理解すればいいのか。実は法務官の身分を文官から武官へ変更する議論は以前からあり、一九四一年一一月にいよいよその準備がはじめられた。前出の馬場東作海軍法務官は海軍省法務局員として、海会の改正作業に関与している。そして「〔一九四一年一二月〕8日は朝5時に起き、海軍刑法改正案と武官制のための軍法会議法改正案をまとめ、役所に行く途中で、ラヂオが対米英交戦の事実を報ずるのを聞いた」（馬場1985：44―45）という。

陸会改正案および海会改正案などは、貴族院では一九四二年一月二六日に、続いて衆議院では二月一〇日に原案のとおり可決された。公布は三月九日で、施行は四月一日となっていた。陸軍治罪法・海軍治罪法の時代からこの改正法成立以降の時代までの、軍法務にかかわる法曹の身分・官名の変遷を

〔9-1〕に整理した。

〔9-1〕軍法務にかかわる法曹の身分・官名の変遷

軍種	職務	官名 陸軍1883年～ 海軍1884年～	1922年～	1942年～
陸軍	裁判事務	理事	陸軍法務官＊	陸軍法務部将校
	司法行政事務		陸軍司法事務官＊	
海軍	裁判事務	主理	海軍法務官＊＊	海軍法務科士官
	司法行政事務		海軍司法事務官＊＊	
身分		文官		武官

＊／＊＊は陸軍法務官と陸軍司法事務官、海軍法務官と海軍司法事務官は同一人物が兼務。
筆者作成。

武官制に移行したため、陸軍の各部に法務部が新たに発足した。最高位は法務中将である。〔4-1〕に島田朋三郎の墓の写真を掲げた。そこに刻まれているとおり「正四位」の島田は法務中将であった。「従四位」の常助が存命ならば法務少将に相当する。くだんの記事は改正法成立の翌日付だったので、「少将」の尊称を付したと考えられる。

武官制移行による法務官制度の変質

改正された陸会第三五条を次に掲げる。

法務官ハ司法官試補タルノ資格ヲ有シ勅令ノ定ムル所ニ依リ実務ヲ修習シタル陸軍ノ法務部将校ヲ以テ之ニ充ル

これを表にしたのが〔9-2〕である。比較のために〔1-2〕を再掲する。

〔9-2〕改正陸会第35条による法務官の補職

資格／職名	資格／任用根拠	補職要件
司法官試補	高等試験司法科試験合格	
法務官	陸会第35条	司法官試補の資格をもち実務修習を終えた陸軍法務部将校。

筆者作成。

〔1-2〕陸軍法務官への道（再掲）

資格／官名	資格／任用根拠	採用要件
司法官試補	高等試験司法科試験合格	

陸軍法務官試補	陸軍法務官及海軍法務官任用令第2条	陸相に「司法官試補タルヲ得ル証明書」を含む書類を提出。
陸軍法務官	同右第1条	軍法会議附として一年半以上の実務修習。その後に実務修習試験に合格。

すなわち、従来陸軍法務官の任用根拠は任用令という勅令にあった一方で、改正法によって法律に基づき法務官に補職されることになった。言い換えれば、陸軍法務官という官名はなくなり、法務官は判士と同様に武官が就く職名へと「格下げ」された。官名は「陸軍法務◯◯」（◯◯には将校の階級が入る）となった。将校と将校相当官という名称の区別は、陸軍ではすでに一九三七年二月に廃止されていた。武官に身分が変更されたことから、法務官には将校の諸規定が適用された。具体的には、陸軍補充令、陸軍武官服用令、陸軍将校分限令、陸軍懲罰令などである。ゆえに陸軍法務官に対する強い身分保障を謳った改正前の第三七条や陸軍法務官の任用を勅令に委任した第四一条などは削除された。こうして、武官からの独立を旨とした法務官制度は大きく変質したのである。法務官という名称こそ存続したとはいえ、改正後は軍法会議の裁判官全員が武官となった。

当然ながら、旧第四一条に基づく陸軍法務官及海軍法務官任用令は、陸軍法務官及海軍法務官任用令廃止等ノ件（昭和一七年勅令第三二一号）第一条をもって廃止された。従って、陸軍法務官試補との官名も消えた。するとそれまでの陸軍法務官および陸軍法務官試補には経過措置が必要となる。陸軍法務官又ハ陸軍法務官試補タリシ者ヨリスル陸軍法務部現役将校ノ補充特例（昭和一七年勅令第三二五号）がそれに当たる。その第一条を引く。

陸軍法務官又ハ陸軍法務官試補タリシ者ニシテ陸軍法務部現役将校タルコトヲ志願スルモノハ当分ノ内陸軍大臣ノ定ムル銓衡ヲ経テ直ニ之ヲ陸軍法務官タリシ者ニ在リテハ概ネ同官等ノ法務部現役将校、陸軍法務官試補タリシ者ニ在リテハ現役法務中尉ト為スコトヲ得

つまり、陸相の「銓衡」をパスすれば陸軍法務官は法務部将校に、陸軍法務官試補は法務中尉になることができた。同時に陸軍武官官等表が改正され、陸軍法務部に法務中将から法務少尉までの位が設けられた。海軍にあっても同様の措置が取られた。たとえば、前出の馬場東作海軍法務官は一九四二年四月一日付で「概ネ同官等」の海軍法務少佐に任用された。

法務官に補される要件だった「実務修習」については、陸軍軍法会議法第三十五条ノ規定ニ依ル実務ノ修習ニ関スル件（昭和一七年勅令第三三五号）に「法務部将校又ハ其ノ候補者ニ対シ陸軍大臣ノ定ムル所ニ依リ陸軍法務訓練所、陸軍軍法会議其ノ他ノ部隊ニ於テ軍事司法ニ関シ必要ナル実務ヲ修習セスムルモノトス」（第一条）と定められた。その期間は「概ネ一年六月」とされたが、「戦時又ハ事変ニ際シ必要アル場合ハ陸軍大臣之ヲ短縮スルコトヲ得」と短縮できることになっていた（第二条）。

「実務修習」の「短縮スルコトヲ得」の一例として、福岡高裁部総括判事で定年退官した山本茂（司法修習一期）の経歴を紹介しよう。山本は九大在学中に高等試験司法科試験に合格し、一九四三年一〇月に

司法官試補になった。「大学を繰り上げ卒業して1週間ほどで入隊を命じられ、満州で初年兵として人間の限界のような生活をしました。翌年春に陸軍法務訓練所で3カ月訓練を受け、方面軍の法務部見習い士官としてビルマ（ミャンマー）に行きました。敗走と撤退を重ねたところで終戦を迎え、軍法会議の裁判官と検察官を兼ねる陸軍法務少尉になりました」（山本 2001：3）。

山本は司法官試補の資格をもっていた。そこで前記「実務ノ修習ニ関スル件」に依拠して、陸軍法務部将校の候補者すなわち法務部見習士官として陸軍法務訓練所とビルマの部隊での「実務修習」を終えて、敗戦後に陸軍法務少尉に任官したのである。この間は陸軍法務部将校の候補者すなわち法務部見習士官ということになる。見習士官とは、陸軍で士官学校などの卒業者が少尉に任官する前に曹長として本務を見習う期間の職名を指す。

なぜ法務官制度を変質させたのか（Ⅰ）～貴族院での質疑

以上のように陸会が改正されたことは、身分保障を根拠として軍法会議における「法の支配」の担保を図った法務官制度の根本的変質を意味する。いかなる理由でそれは推し進められたのか。陸会および海会などの改正案が諮られた帝国議会での質疑から確認していく。

改正案がまず付託されたのは貴族院陸軍刑法中改正法律案特別委員会である。その最初の質疑は一九四二年一月二三日に行われている。まず陸軍省から政府委員として出席した軍務局長の武藤章陸軍中将が説明に立った。

軍法会議が特別裁判所として設置されている理由は、「司法権ト統帥トヲ密接不可分ノ関係ニ置キマシテ、司法権ノ作用ノ上ニ統帥ノ要求ヲ全幅的ニ反映セシムルガ為」である。それゆえ、「軍司法ノ運営ヲ本務トスル法務官ハ法律知識ヲ有スルト同時ニ統帥上ノ要求ヲ十分ニ理解シ得ル武官ト為シ、一層軍事ニ精通シ、身ヲ以テ軍紀ニ徹スル軍人タラシメ、以テ軍司法ノ運営ヲ建軍ノ本旨ト統帥ノ要求トニ透徹セシメ、軍紀ノ振粛、無形戦力ノ培養強化ニ遺憾ナカラシムル」必要がある。

法務官の身分を武官に変更して軍の事情をよく理解させれば、従来以上に「統帥ノ要求」が通りやすくなる、というわけである。

海軍省の政府委員には尾畑義純海軍法務官・法務局長が起用されている。説明の論旨は武藤と同じだが、「今次大東亜戦争ヲ遂行スルニ当リマシテハ、軍司法ヲシテ更ニ其ノ本質ニ徹シ、統帥ノ要求即応シ、間然スル所ナラカシムルガ為メ、文官タル海軍法務官ヲ廃シ、専門法律家ニシテ将校相当官タル法務科士官ヲシテ之ニ代ラシムルコトガ必要デアルト考ヘ」たという。尾畑の指摘どおり、「大東亜戦争ヲ遂行スル」ために「統帥ノ要求〔に〕即応」することが、法務官の武官化の大きな理由に違いない。

一方で、この特別委員会の副委員長である浅田良逸は、「文官カラ武官ニシナケレバナラヌト云フ理由ト云フモノハ、ハッキリ私ノ頭ニハ考ヘラレナイ」と法務官の武官化に反対した。これには嶋田繁太郎海軍大臣が裁判を受ける軍人の心理を引いて反論する。「文官ニ於キマシテハ兎角裁判ヲ受ケマス者カラ見マスト、稍、物足リヌ感ジヲ持ッテ居リマシタ、軍ノ事ガシッカリ分ラナイ、サウシテ所謂軍人精神ヲ十分承知シテ居ル軍人ニ裁判ヲシテイ貰ヒタイ〔略〕司法上ノ知識ヲ持チ、且ツ若イ頃カラ軍事訓練ヲ受ケ、軍隊教育ヲ受ケ、軍人精神ヲ十分持ッタ人ニ裁カセルト云フ方ガ軍ノ必要ニ一層適合スル、斯ウ云フ見地デ今回ノ改正ヲ行ヒマシタノデゴザイマス」。

翌一月二四日も委員会質疑が続けられた。奥田剛郎委員が、法務官は将校になるのであるから「将来理想カラ言ヘバ法務官ガ全部裁判官ニナル、詰リ審判ノ構成ハ法務官デヤルト云フガノガ宜イノデハナイカ」と質した。陸軍省の政府委員だった大山文雄陸軍法務官・法務局長は「司法ヲシテ軍統帥ニ最モ即応セシメタイト云フ点カラ考ヘマシテ〔略〕現制ノ如ク裁判官ノ大部分ニ兵科ノ将校ヲ命ジ、法務官ハ将校ノ中デ法律専門家トシテ之ニ加ハル」のが「最モ適当ナ制度ダト信ジテ居ル」と奥田の提案を退けた。軍法会議において「統帥ニ即応」するためには、各部将校となる法務官ではなく、兵科将校がその多数を占める必要があると主張したのである。

改正法案はこの日に「異議ナシ」で原案どおり委員会で可決された。次いで一月二六日の貴族院本会議でも可決された。

なぜ法務官制度を変質させたのか（Ⅱ）～衆族院での質疑

衆議院に送られた改正法案は、兵器等製造事業特別助成法委員会に付託された。二月四日から三日間の質疑日程が取られた。そのうち二月六日の質疑がとりわけ目を引く。元検事の長谷長次委員は「司法部内ニ嘗テ職ヲ奉ジタ立場カラ懸念セラルルモノガアル」として、終身官をはずされた法務官の身分保障を案じている。その点で長谷が取り上げるのは、第一に審理に当たる法務官に対する「外界ノ圧迫」と、第二に事案の終結前に法務官が「統帥ノ立場カラ」異動させられてしまう虞である。後者は「公正」の点で「不得策」ではないか。

陸軍省からの答弁者はやはり大山である。大山は第一の点については、「〔法務官は〕軍人トナリマシテ、所謂軍人精神ノ下ニ、其ノ信念ヲ以テ職務ヲ遂行スル上ニ於キマシテハ、万一左様ナコトガアリマシタトシテモ、断ジテ心配ハナイ、斯ウ云フヤウニ考ヘテ居リマス」と精神論で突っぱねている。第二の点に対しては、「其ノ終結スルマデハ成ベク異動ヲシナイヤウニ、無論注意致シマスケレドモ、絶対ト云フ訳ニハ行キマセヌ、併シ是ガ為ニ今ノ身分保障ノ問題ニ関連シテ、何カ心配ガアルカト申シマスト、ソレハ断ジテナイト云フ風ニ考ヘテ居リマス」。

「断ジテナイ」と答弁しても根拠は示されず、大山の願望を述べるにとどまっている。むしろ「法規ノ上デ一般ノ将校ト異ツタ身分保障ニ代ル何等カノ保障ヲ与ヘルト云フコトハ、困難ト考ヘテ居ル」というのが本音であろう。同じ将校なのだから、法務官だからといって特別扱いはできないのである。

長谷は「是ダケ大キナ戦争ニナッテ参リマスト〔略〕所謂外界カラノ圧迫ト云フ風ナモノガ、ヤハリ自然人デアル人間ニ対シテ、相当ノ脅威ヲ与ヘルモノト考ヘテ居ルノデアリマス」と、時代状況を挙げて憂慮を繰り返した。

次に長谷は論点を変えて、「今回ハ全部軍人ニナッタノダカラ〔略〕裁判長ハ〔略〕法務官出身ノ者デアッテモ」かまわないのかと質した。第1章で論じたように法務官は裁判長にはなれなかった。政府委員として出席していた陸軍省兵務局長の田中隆吉陸軍少将は、「其ノ問題ハ統帥ノ根本ニ関スルモノデアリマシテ」と事の重大さをまず指摘して、こう続ける。「完全ナル指揮権ヲ持ツテ居リマスルノハ、本科将校ダケデアリマス、各部ノ将校ハ、各部ノ者ニ対スル指揮権ヲ有スルノミデアリマシテ〔略〕〔軍法会議の〕指揮権ヲ本科ノ将校ガ収ルト云フコトヲ改メルコトニナリマスト、軍ノ統帥ノ根本ヲ覆スコトニナリマス」。「統帥ノ根本」からして各部将校の裁判長など決して認められないことを、田中は力説している。この田中とは第6章第2節で取り上げた綏遠事件を画策した謀略家である。

二月九日に起立採決で総員起立をもって委員会は原案を可決した。二月一〇日には衆議院本会議で可決された。法改正以降の軍法会議の法廷構成は、兵科の将校四人と法務官に補された法務部将校一人となり、裁判長は兵科の将校が務めた。

「法の番人」の退場が意味するもの

常助は満五三歳で早世した。それ自体は気の毒なことである。だが、法務官制度が大きく変質した時代を知らずに済んだのは、幸せだったのかもしれない。「統帥ノ要求」を貫徹させるとの美名の下、法務官は武官となり身分保障は剥奪された。「真空地帯」にあって法の支配を担保する「法の番人」たらんとしても、その法的裏付けを失ったのである。第1章で取り上げた馬場東作がフィリピンの戦場で苦悩し「変節」せざるを得なかった制度的理由はここにある。「法の番人」不在の軍法会議が、絶望的な戦場にあっては厄介者を「合法的」に処刑する装置と化したのもまた必然であった。

戦争は国家に対する負荷試験である。その負荷が重くなればなるほど、国家は負荷を軽減するにあたっての「障害」を取り除こうとする。言い換えれば、行政権を極大化させ他の二権の形骸化を図るのだ。軍隊にあっては軍事司法がその標的とされた。軍隊の外でもそれは変わらない。

一九四四年二月二八日に、東条英機首相は首相官邸で開催された司法長官会同において訓示した。その様子を撮影した〔9-3〕をみれば力関係は一目瞭然である。上座の一段高い席に東条が立ち大審院長、控訴院長、地方裁判所長ら司法長官が下座に着席している。東条は居並ぶ司法長官に対して次の指示をした。「諸君は、従来の惰性を、一切放擲し、司法権の行使をして、正しく、必勝のための司法権の行使たらしめられたい、どうか、諸君におかれては、虚心坦懐、内に省み、執るべきは、速に執り、改むべきは直に改め、大胆率直に、しかして敏速果断に、職権を行使せられたい、特に所謂時局犯罪の敏速なる処理に付き、この点を、強く期待するものである」(同日付『朝日新聞』夕刊)。

司法権の独立など東条の眼中にはまったくなく、「必勝のための司法権」を「敏速果断に」行使せよと威迫したのである。「法の番人」たちにその役割の放棄を命じたに等しい。出席していた細野長良広島控訴院長はこの屈辱的な訓示に憤り、その後意を決して意見書を作成して東条

〔9-3〕臨時司法長官会同で訓示する東条首相
出典：1944年2月28日付『朝日新聞』夕刊。

と岩村司法相に送りつけた。戦後直後に細野は歴代最後の大審院長に就く。だが細野は最高裁入りを果たせず、東条の訓示をおとなしく聞いていた裁判官の中から最高裁判事に任命される者が出る。

戦局がさらに悪化するや、行政権は司法権ばかりか立法権をも飲み込んでいく。その根拠となった法律が戦時緊急措置法である。一九四五年六月二一日に公布され、翌々日に施行された。この法律は全部で五か条にすぎない。第一条に驚愕する。

大東亜戦争ニ際シ国家ノ危急ヲ克服スル為緊急ノ必要アルトキハ政府ハ他ノ法令ノ規定ニ拘ラズ左ノ各号ニ掲グル事項ニ関シ応機ノ措置ヲ講ズル為必要ナル命令ヲ発シ又ハ処分ヲ為スコトヲ得〔以下略〕

要するに、「他ノ法令ノ規定ニ拘ラズ」政府は自らの裁量で命令を発し処分を行うことができるようになった。行政権はまったくのフリーハンドを獲得したのである。

こうしたことは戦時中に限らないし、もはや「済んだ」事柄でもない。二〇一三年に安倍晋三首相が内閣法制局長官人事に介入して、翌年には政府内で確定していた集団的自衛権に関する憲法解釈を変更させた。政権からの相対的独立を剥ぎ取られた内閣法制局は、先述のとおり安倍元首相の国葬の法的根拠を「発見」する役回りさえ演じた。その上安倍政権は最高裁裁判官人事にもくちばしを挟んだ。安倍首相の後を襲った菅義偉首相は、二〇二〇年一〇月に日本学術会議が推薦した六人の新会員候補者の任命を拒否した。そしていまだに欠員は補充されず日本学術会議法第七条に反した会員構成が続いている。

法務官にせよ内閣法制局にせよ最高裁にせよ、「法の番人」は権力にとって目障りな存在である。権力がこれら「法の番人」の退場を要求するとき、法の支配の終わりの始まりであると警戒すべきであろう。日本学術会議の違法状態を逆手に取り、これを潰そうとする第3章第1節で紹介した動きは、その明確な証左である。本書「はじめに」の最後に挙げた英単語を用いれば、権力による悪質な foray にほかならない。

参考文献

〈著書・論文など〉


愛新覚羅・溥儀／小野忍ほか訳（１９７７）『わが半生［上］』筑摩書房。

浅田次郎（２０１０）『終わらざる夏　上』集英社。

旭川市史編集会議編（２００６）『新旭川市史　第三巻・通史三』。

新井勝紘（２０１１）「『軍事郵便文化』の形成とその歴史力」『郵政資料館　研究紀要』第2号。

家永三郎（１９６２）『司法権独立の歴史的考察』日本評論新社。

石川研（２００４）「満州国放送事業の展開」『歴史と経済』第１８５号。

稲賀繁美（２０１９）「海洋亜細亜 Oceanic Asiaにむけて（３）」『図書新聞』第３４０１号。

今井宇三郎訳注（１９８２）『菜根譚』岩波クラシックス。

「今は昔　祇園の夜話」（１９７２）『太陽』6月号。

岩井秀一郎（２０１７）『多田駿 伝』小学館。

潮木守一（１９８４）『京都帝國大學の挑戦』名古屋大学出版会。

宇都宮市史編さん委員会編（１９８１）『宇都宮市史 第8巻』。

江口圭一（１９８８）『日中アヘン戦争』岩波新書。

ＮＨＫ取材班・北博昭（２０１３）『戦場の軍法会議』ＮＨＫ出版。

及川琢英（２０１９）『帝国日本の大陸政策と満洲国軍』吉川弘文館。

大江志乃夫（１９８１）『徴兵制』岩波新書。

大瀧真俊（２０１６）「帝国日本の軍馬政策と馬生産・利用・流通の近代化」『日本獣医史学雑誌』第53号。

大野広一（１９６２）『第十一師団歴史の概要』。

大場さやか（２００１）「満州映画協会とその影響」Cine Magazine Net!, No.5. http://www.cmn.hs.h.kyoto-u.ac.jp/CMN5/ooba.html
小川関治郎（２０００）『ある軍法務官の日記』みすず書房。

押田信子（２０１９）『抹殺された日本軍恤兵部の正体』扶桑社新書。

霞信彦（２０１７）『軍法会議のない「軍隊」』慶應義塾大学出版会。

桂川光正（１９９４）「二・二六「真崎判決」はこう作られた」『世界』１９９４年3月号。

加藤聖文（２０１７）『満蒙開拓団』岩波全書。

――（２０１９）『満鉄全史』講談社学術文庫。

蕪山嚴（２００７）『司法官試補制度沿革』慈学社。

鎌田道隆（２０１３）『お伊勢参り』中公新書。

上川支庁地方部総務課編（１９８８）『上川支庁九十年の歩み』。

川嶋みどり他（２０１６）『戦争と看護婦』国書刊行会。

祁建民（２００７）「蒙疆政府年表」『県立長崎シーボルト大学国際情報学部紀要』第8号。

北博昭編（１９８７）『十五年戦争極秘資料集　第五集　東京裁判　大山文雄関係資料』不二出版。

北博昭（２００１）「軍法務の文献に関する問題」『軍事史学』第37巻第1号。

北原哲也（１９９３）「在外指定学校制度の成立と展開」『「満洲国」教育史研究』第1号。

京都大学百年史編集委員会編（１９９８）『京都大学百年史 総説編』京都大学後援会。

久保武郎・田島東海男（１９８７）「剣術教範にみる軍刀術教育について」『武道学研究』20巻2号。

胡昶・古泉／横地剛・間ふさ子訳（１９９９）『満映』パンドラ。

『このマンガがすごい！』編集部編（２０１６）『「この世界の片隅に」公式アートブック』宝島社。

小島宗治（２０１４）「航空測量私話」『空間・社会・地理思想』第17号。

小林茂（2011）『外邦図』中公新書。

阪口實（1940）『陸軍監獄令 同令施行細則講義』。

志々田文明（1999）「「満洲国」建国大学に於ける銃剣道教育」『武道学研究』32巻1号。

島田俊彦（1965）『関東軍』中公新書。

清水美知子（2004）『〈女中〉イメージの家庭文化史』世界思想社。

示村貞夫（1984）『旭川第七師団』。

週刊朝日編（1981）『値段の明治大正昭和風俗史』朝日新聞社。

衆議院 参議院編（1990）『議会制度百年史　帝国議会史　上巻』。

15年戦争と日本の医学医療研究会編（2016）『戦争・731と大学・医科大学』文理閣。

上越市史編さん委員会編（2004）『上越市史　通史編5　近代』上越市。

白戸健一郎（2016）『満洲電信電話株式会社』創元社。

新川敏光（2018）『田中角栄』ミネルヴァ書房。

末永恵子（2022）「収奪された人体　満洲における医学と戦争」吉中丈志編（2022）『七三一部隊と大学』京都大学学術出版会。

杉山徳太郎（2016）『満洲航空』論創社。

創立百年記念誌「あゝ母校」編集委員会（1980）『あゝ母校　三重県立津高等学校百年記念誌』。

測量・地図百年史編集委員会編（1970）『測量・地図百年史』建設省国土地理院。

代珂（2020）『満洲国のラジオ放送』論創社。

第十一師団歴史刊行会『第十一師団の歴史的写真帖』。

大日本国防婦人会総本部編（1943）『大日本国防婦人会十年史』。

『第八師団戦功史』（1934）東奥日報社。

平良民編（1968）『満洲郵政誌』通信協会。

高橋昌紀（2017）『データで見る太平洋戦争』毎日新聞出版。

高森時雄（1937）「宿題報告　満蒙地方病」『日本内科学会雑誌』第25巻第3号別冊。

多木浩二（2002）『天皇の肖像』岩波現代文庫。

多田井喜生（2020）『朝鮮銀行』ちくま学芸文庫。

鉄道省編纂（1930）『汽車時間表』第6巻第10号（復刻版）日本交通公社。

鉄道院運輸局（1915）『大正四年五月十日訂補　列車時刻表』（復刻版）新人物往来社。

東京法学院第十一回卒業式（1896）『法学新報』第64号。

戸部良一（2020）『戦争のなかの日本』千倉書房。

豊田太郎（1938）「満洲に於ける伝染病」『日本伝染病学会雑誌』第13巻第1号。

内藤一成（2008）『貴族院』同成社。

長岡忠一（1989）『日本スキー事始め』ベースボール・マガジン社。

永田美那子（1968）『女傑一代』毎日新聞社。

中村秀樹（2009）『自衛隊が世界一弱い38の理由』文藝春秋。

西浦進（1980）『昭和戦争史の証言』原書房。

西川伸一（2012）『最高裁裁判官国民審査の実証的研究』五月書房。

――（2013）「軍法務官研究序説」『政経論叢』第81巻第5・6号。

――（2014）「戦前期日本の軍法務官の実体的研究」『明治大学社会科学研究所紀要』第53巻第1号。

日本陸軍獣医部史編集委員会編（2000）『日本陸軍獣医部史』紫陽会。

――（2000）『日本陸軍獣医部史別冊　紫陽会名簿』紫陽会。

野村正男（1966）『法窓風雲録（上巻）』朝日新聞社。

橋本毅彦・栗山茂久編著（２００１）『遅刻の誕生』三元社。

秦郁彦（２００３）『旧制高校物語』文春新書。

花園一郎（１９７４）『軍法会議』新人物往来社。

馬場東作（１９８５）『回想』法律新聞社。

原彬久（１９９５）『岸信介』岩波新書。

日高巳雄（１９３８）『軍法会議法』日本評論社。

平井廣一（２００９）「満州国における治外法権撤廃及び満鉄附属地行政権移譲と満州国財政」『北星学園大学経済学部北星論集』第48巻第2号。

平山周吉（２０２２）『満洲国グランドホテル』芸術新聞社。

復員局（１９４８）『陸軍軍法会議廃止に関する顛末書』。

福嶋寛之（２０２１）「〈帝国の教育圏〉の生成」『広島大学文書館紀要』第22号。

福永文夫（２００８）『大平正芳』中公新書。

藤井忠俊（１９８５）『国防婦人会』岩波新書。

古野直也（１９９０）『朝鮮軍司令部』国書刊行会。

平和祈念事業特別基金編（２００３）『平和の礎 海外引揚者が語り継ぐ労苦ＸＩＩＩ』。

ヘディン、スウェン／斎藤明子訳（１９７８）『ヘディン探検紀行全集11　熱河』白水社。

本多勝一（１９８１）『中国の旅』朝日文庫。

本田臨一郎（１９７２）『日本近代軍服史』雄山閣。

前間孝則（２０１３）『満州航空の全貌』草思社。

松永昌三ほか編（２０２１）『郷土史大系　領域の歴史と国際関係（下）』朝倉書店。

松本一郎（１９９９）『二・二六事件裁判の研究』緑蔭書房。

――編纂（2011）『陸軍軍法会議判例集　4』緑蔭書房。

満洲航空史話編纂委員会編（1972）『満洲航空史話』。

――（1981）『満洲航空史話（続編）』。

満洲国史編纂刊行委員会編（1970）『満洲国史 総論』満蒙同法援護会。

――（1971）『満洲国史 各論』満蒙同法援護会。

満洲帝国政府編（1969）『満洲建国十年史』原書房。

水木楊（2001）『田中角栄　その巨善と巨悪』文春文庫。

美和町歴史民俗資料館（1999）『二・二六事件　甘粕事件　軍法会議裁判官　陸軍法務官　小川関治郎』愛知県海部郡美和町。

宮越馨（2016）『未完』北越出版。

室井兵衛編著（1973）『満洲独立守備隊』。

明和町史編集委員会編（1972）『明和町史』。

森田一（2010）『心の一灯』第一法規。

森万佑子（2022）『韓国併合』中公新書。

矢口洪一述（2004）『矢口洪一オーラル・ヒストリー』政策研究大学院大学。

山室信一（2004）『キメラ―満洲国の肖像 増補版』中公新書。

山本七平（1983）『私の中の日本軍（上）』文春文庫。

山本有造編（1995）『「満洲国」の研究』緑蔭書房。

「山本茂元福岡高裁判事に聞く　裁判官は弁護士の経験を」（2001）『月刊司法改革』第19号。

結城昌治（1973）『軍旗はためく下に』中公文庫。

楊海英（2018）『最後の馬賊　「帝国」の将軍・李守信』講談社。

吉田茂（1957）『回想十年　第一巻』新潮社。

蘭星会（1970）『満洲国軍』。

李相哲（2000）『満州における日本人経営新聞の歴史』凱風社。

レルヒ、テオドール・フォン／中野理訳（1970）『明治日本の思い出』中外書房。

我妻栄編（1969）『日本政治裁判史録　大正』第一法規。

——編（1970）『日本政治裁判史録　昭和・前』第一法規。

——編（1970）『日本政治裁判史録　昭和・後』第一法規。

渡辺浩平（2021）『第七師団と戦争の時代』白水社。


〈辞典・事典類〉


泉孝英編（2012）『日本近現代医学人名事典』医学書院。

伊藤隆監修・百瀬孝著（1990）『事典 昭和戦前期の日本』吉川弘文館。

『国史大辞典』吉川弘文館。

帝国法曹大観編纂会（1915）『帝国法曹大観』帝国法曹大観編纂会。

日本近代史料研究会編（1971）『日本陸海軍の制度・組織・人事』東京大学出版会。

『日本大百科全書』小学館。

芳賀登ほか編（1999）『日本人物情報大系 満州編』皓星社。

秦郁彦編著（2001）『日本官僚制総合事典』東京大学出版会。

——編著（2005）『日本陸海軍総合事典［第2版］』東京大学出版会。

原剛・安岡昭男編（2003）『日本陸海軍事典コンパクト版（上）』新人物往来社。

福川秀樹編著（1999）『日本陸海軍人名辞典』芙蓉書房出版。

——編著（2001）『日本陸軍将官辞典』芙蓉書房出版。
陸軍士官学校名簿編纂会（1982）『陸軍士官学校名簿 陸士・航士・陸経・陸幼・軍官 第2巻 50期以降』。

〈定期刊行物〉
『大衆人事録 第十一版』帝国秘密探偵社・国勢協会。
『大衆人事録 第十四版 外地・満支・海外篇』帝国秘密探偵社。
『官報』大蔵省印刷局。
『職員録』大蔵省印刷局編。
『人事興信録 第七版』人事興信所。
『満洲医科大学一覧』満洲医科大学。
『陸軍現役将校同相当官実役停年名簿』陸軍省編。

新聞各紙。

〈HP〉
「アジ研グロッサリー」https://www.jacar.go.jp/glossary/
「『人事興信録』データベース」https://jahis.law.nagoya-u.ac.jp/who/search
「帝国議会会議録検索システム」（https://teikokugikai-i.ndl.go.jp/#/）
「弁護士山中理司のブログ」https://yamanaka-bengoshi.jp/
「満蒙開拓平和記念館」https://www.manmoukinenkan.com/

あとがき

本書のすべては、二〇一六年八月一九日に堀木常助の曾孫である堀木菜穂氏からいただいたメールにはじまる。当日の私の日記には「うまく運べば軍法務官研究を飛躍的に発展させられると捕らぬ狸に妄想は膨らむ」と書いてある。まさにそれは「妄想」であった。本書を上梓するまでに六年半以上もかかってしまった。資料提供いただいた菜穂氏に深謝するとともに、これほど時間がかかった怠慢をお詫びしたい。

この間で最も楽しい思い出は、二〇二〇年一月三一日に三重県明和町にある常助の孫にあたる山田節子氏ご夫妻宅を訪ねたことであろう。名古屋からディーゼルカーの「快速みえ」で松阪に着き、そこで乗り換えて近鉄山田線の明星駅で降りた。そして常助の墓碑（8-7）がある両谷寺を伊勢街道に沿って探した。風花が舞っていた。なかなかみつからず地元の方に尋ねた。すると、「あそこのせこを入っていくとある」と言われた。「せこ」の意味がわからず尋ね返すと狭い路地のことだと教えていただいた。やっと両谷寺にたどり着いて墓碑を撮影した。その後、明星駅に引き返して再び山田線に乗って隣駅の明野で降りて（ここでも道に迷った）、山田様宅にお邪魔したのは午後一時を過ぎていたであろうか。昼食抜きを覚悟していた。ところが思いもかけず昼食として、伊勢名物の伊勢うどんとてこね寿司をふるまっていただいた。とてもおいしく、あっという間に平らげてしまった。

腹ごしらえが済んで、常助にまつわる貴重な資料をご提示いただいた。事前に常助が分家して伊勢市辻久留町に建てた家にわざわざ足を運ばれて資料をご用意いただいていた。私は夢中でスマホのシャッターをタップし続けた。山田氏ご夫妻のご厚意には感謝の言葉もない。満ち足りた気持ちで明野駅に戻って松阪に向かった。そこにある本居宣長記念館で学芸員の方々から興味深い説明を受けた。松阪から乗車した名古屋行きの近鉄特急の中で、私はその日の「収穫」を記録するためパソコンのキーをたたいた。夜景をときにみながらとても幸せな気分に浸った。

だが、「幸せ」は長続きしなかった。本文中で紹介した常助の手帳の字は癖のある崩し字でとても私の手に負えない。そのため菜穂氏には全頁を二度も撮影いただいた。その画像を日本政治史専攻で明治大学政治経済学部兼任講師の竹内桂氏に判読いただき、おかげでそれが本書執筆にあたっての重要な根拠資料となった。資料提供については菜穂氏に重ねてお礼を申し上げなければならない。何度も私の研究室にご足労いただいたばかりか、里帰りの際にまたとない一次資料を撮影いただいた。たとえば、第8章で取り上げた常助の急死前後の切迫した何通もの電文には息を呑んだ。

ほかにも謝意を捧げるべき方々がたくさんおられる。旭川市中央図書館の谷野弘幸氏には何度も資料照会のメールを差し上げた。そのたびに丁寧なご回答をいただいた。加えて、二〇二二年三月二八日に同図書館を訪れた折には格別の便宜を図っていただき、おかげで日帰りの強行日程を無事こなすことができた。職場の同僚で石川啄木研究の権威である池田功明治大学政治経済学部教授には、常助が遺した和歌の解釈をめぐって懇切きわまるご教示をいただいた。やはり同僚の鍾家新教授には中国の正確な地名表記をご指導いただいた。私の研究室で博士号を取得した佐々木研一朗明治大学政治経済学部助教には、彼が専門とする戦前の大学の教育制度などについて明快に解説していただき、また資料探査にもご協力いただいた。宮杉浩泰明治大学研究・知財戦略機構研究推進員からは、彼が詳しい軍部のしくみや資料についてプロのご助言をしばしばいただいた。思い当たる方々は尽きない。割愛する非礼をお許しいただきたい。

本書の版元をめぐっては紆余曲折がある。最終的に名古屋の風媒社にお引き受けいただいた。風媒社は一九七一年に『革命の商人　パルヴスの生涯』（Z・A・B・ゼーマン、W・シャルラウ／蔵田雅彦・門倉正美訳）を出版している。実は私が一九八六年に明治大学大学院に提出した修士論文のテーマは、このパルヴスという人物であった。いま同書を何十年ぶりに開くとあちこちにマーカーが引いてあり付箋が貼られている。その後私の研究テーマは大きく変わった。まさか若い頃に「ご縁」があった風媒社から自著を刊行することになろうとは。ずいぶんと遠回りして原点回帰したような感覚にとらわれる。運命のようなものか。とてもうれしい。

本書刊行の労をお取りいただいた同社社長の山口章氏と編集長の劉永昇氏に、心からの御礼を述べてあとがきを閉じることにする。

本書は科研費基盤研究（C）18K01421「戦前期日本の軍法務をめぐる実証研究—陸軍法務官・堀木常助を中心として」の研究成果の一部である。

二〇二二年一一月一八日

西川伸一

堀木常助年譜

西暦	関係事項	一般事項
1881	9・17擬革煙草入の製造販売を営む堀木忠次郎と妻みとの六男として、三重県多気郡明星村大字新茶屋に生まれる。	
1894		8月日清戦争始まる。
1895		4月日清講和条約調印。
1900	9月第四高等学校第一部法科（英法）入学。	
1902		1月日英同盟調印。
1903	7・1第四高等学校卒業。 9月京都帝国大学法科大学入学。 在学中に京都・一力亭の芸妓ウタと「学生結婚」。	
1904		2月日露戦争始まる。
1905		9月日露講和条約調印。
1907	7・10京都帝国大学法科大学卒業。「自己の個性に従って皇国ために奉公しようと陸軍法務部に奉職」 11・14理事試補。第四師団（大阪）法官部部員心得。「軍法会議構成員ヲ命ス」	
1908	8・22第四師団法官部部員。 12・28理事。第十五師団（豊橋）法務部員。叙高等官八等。	

1909	3・20叙正八位。 6・18陸叙高等官七等。 10・11叙従七位。	
1913	6・19第七師団（旭川）法官部部員。 7・7甥・英男と養子縁組。 8・10済生会に四八円を寄付。 10・10ウタと正式に結婚。	
1914	11・11叙正七位。	7月第一次世界大戦勃発。
1915	11・10大礼記念章之証授与。	1月対華二十一カ条要求。
1916	10・13第十一師団（善通寺）法官部部員。	
1919	6・30陸叙高等官六等。 12・10叙従六位。	1月パリ講和会議開催。
1920	5・19第十九師団（羅南）法官部部員兼朝鮮軍法官部部員。 6・10羅南に赴任。 12・25大正三年乃至九年戦役従軍記章之証授与。	
1922	4・1陸軍法務官。兼任陸軍司法事務官。叙高等官五等。朝鮮軍軍法会議法務官。「羅南ニ在テ服務スヘシ」第十九師団法務部長。「朝鮮軍軍法会議検察官ヲ命ス」	4月陸軍軍法会議法・海軍軍法会議法施行。
1923		9月関東大震災。甘粕事件。

1925	1・31叙正六位。 6・10陸叙高等官四等。	
1927	3・22第十四師団（宇都宮）軍法会議法務官。免兼陸軍司法事務官。	
1928	4・17甥・英男との協議離縁。 4・21堀木家より分家。 11・16大礼記念章之証授与。	6月張作霖爆殺事件。
1929	12・20陸叙高等官三等。	
1930	2・1叙従五位。 3・31兼任陸軍司法事務官。叙高等官三等。兼任陸軍監獄長。叙高等官五等。第七師団軍法会議法務官。第七師団法務部長。旭川衛戍刑務所長。	
1931	12・11叙勲四等。	9月満州事変勃発。
1932		3月「満洲国建国宣言」 5月五・一五事件。 9月日満議定書締結。 10月「大日本国防婦人会」発足。
1933	9・19吉村義次と養子縁組。	1月山海関事件。 5月塘沽停戦協定。

1934	1・27 免兼陸軍監獄長。 2・5 小樽から「春晴丸」に乗船。 2・7 清津に到着。 2・12 錦州に到着。 3・1 「満洲帝国」慶祝祈念日に列席。大典祈念章証書授与。 3・12 西義一陸軍中将を見送る。 4・1 関東軍軍法会議法務官を兼務。 4・15 在郷軍人会に出席。 4・29 昭和六年乃至九年事変従軍記章之証授与。 5・4 承徳日本人居留民会立承徳日本尋常小学校の開校式に出席。 5・7 杉山元陸軍中将を出迎える。 5・14 小原直東京控訴院長と会食。 5・23 林博太郎満鉄総裁、岡今朝雄会計検査院第二部長と会食。 7・9 土肥原賢二陸軍少将と会食。 7・16 多田駿陸軍少将を出迎える。 7・25 高森時雄満州医大教授の講演を聞く。 9・10 鄭孝胥「満州帝国」国務総理大臣および張海鵬「満州国」軍第五軍管区司令部と対面。 10・15 承徳領事館への「御真影」到着を出迎える。 11・3 承徳領事館での明治節祝宴に出席。
	1・21 第七師団を満州に派遣する命令電報が同師団に着信。 1・31 北鎮部隊大壮行会 3月 「満洲国」は「満洲帝国」に国号を変更。溥儀は執政から皇帝に即位。 6月 東郷平八郎元帥国葬。 8月 承徳に領事館開館。 10月 「満洲帝国国防婦女会」発足。

1935	1・5王静修「満州国」軍第五軍管区司令官来る。 2・13風土病・糖尿病で承徳衛戍病院に入院。 2・25同病院にて流行性脳脊髄膜炎により死去。享年満53歳。叙正五位。叙従四位。陸叙高等官二等。叙勲三等。 2・26佐藤武軍医部長との合同慰霊祭。 3・1「特旨ヲ以テ一級追陞セラル」 3・7旭川偕行社にて慰霊祭。 3・21旭川市集会所で第七師団慰霊祭。 3・25伊勢・新茶屋で村葬式。	2・9第七師団に旭川への帰還命令下る。 3・19第七師団の主力が帰還。 8月永田鉄山陸軍軍務局長が相沢三郎歩兵中佐に刺殺される。
1936	7・18ウタに「臨時特別賜金」が賜与される。	2月二・二六事件。
1941	5・20各紙がウタの4万円寄付を報じる。 11・5岩村通世司法大臣がウタに感謝状などを贈る。	12月真珠湾攻撃。
1942	2・9後藤脩松阪市長がウタの寄付金を受領。	3月財団法人鈴屋遺蹟保存会の設立が認可される。
1950	4・8庄司圭一松阪市長がウタに感謝状を贈る。 5・26ウタ死去。享年満74歳。	

図表・写真など一覧

ま行

や行

ら・わ行

か行

さ行

人名索引

「堀木常助」は頻出なので省略した。

あ行

は行

ま行

や行

ら・わ行

た行

な行

さ行

事項索引

「法務官」「満鉄」は頻出なので省略した。また、たとえば「第七師団司令部」「第七師団長」のように具体的な部署や肩書きの場合は「第七師団」では拾っていない。

あ行

か行

［著者略歴］
西川 伸一（にしかわ・しんいち）
1961年　新潟県生まれ
1984年　明治大学政治経済学部政治学科卒業
1990年　明治大学大学院政治経済学研究科政治学専攻博士
後期課程退学（4年間在学）
同　年　明治大学政治経済学部専任助手
1993年　同専任講師
2000年　同助教授
2005年　同教授
2011年　博士（政治学）取得

【2012年以降の著書・訳書】
2012年　『最高裁裁判官国民審査の実証的研究』五月書房
2013年　（翻訳）デイヴィッド・S・ロー『日本の最高裁を解剖する』
現代人文社
同　年　『これでわかった！ 内閣法制局』五月書房
2015年　『城山三郎『官僚たちの夏』の政治学』ロゴス
2018年　『覚せい剤取締法の政治学』ロゴス
同　年　『政衰記2011-2018「政治時評」7年間の記録』五月書房新社
2020年　『増補改訂版　裁判官幹部人事の研究』五月書房新社
2023年　『「保守」政治がなぜ長く続くのか？　プラス映画評』ロゴス

ある軍法務官の生涯
堀木常助陸軍法務官の秋霜烈日記・伊勢、旭川、善通寺そして満州

2023年4月28日　第1刷発行　（定価はカバーに表示してあります）

著　者　西川　伸一

発行者　山口　章

発行所　名古屋市中区大須 1-16-29
振替 00880-5-5616 電話 052-218-7808　風媒社
http://www.fubaisha.com/

＊印刷・製本／モリモト印刷　乱丁本・落丁本はお取り替えいたします。
ISBN978-4-8331-0632-0